Parragon
Queen Street House
4 Queen Street
Bath BA1 1HE, UK

Übersetzung aus dem Englischen: Wiebke Krabbe, Damlos
Redaktion und Satz: Das Redaktionsbüro, Köln
Koordination: Antje Seidel, Köln

HINWEIS
Sind Zutaten in Löffelmengen angegeben, ist immer ein gestrichener Löffel gemeint.
Ein Teelöffel entspricht 5 ml, ein Esslöffel 15 ml. Sofern nichts anderes angegeben ist,
wird Vollmilch (3,5 % Fett) verwendet. Bei Eiern verwenden Sie mittelgroße Exemplare. Sofern die
Schale von Zitrusfrüchten benötigt wird, verwenden Sie unbedingt
unbehandelte Früchte.

Kinder, ältere Menschen, Schwangere, Kranke und Rekonvaleszenten
sollten auf Gerichte mit rohen oder nur leicht gegarten Eiern verzichten.

ISBN 1-40541-467-7

Printed in China

Inhalt

Einleitung

Die thailändische Küche ist einzigartig in der Welt. Sie ist von vielen ausländischen Einflüssen geprägt und unterscheidet sich deutlich von den Küchen der Nachbarländer. Manche ihrer Merkmale sind durch Klima und Kultur zu erklären, doch haben auch Generationen von Invasoren und zahlreiche Einwanderungswellen eine große Rolle gespielt.

Die Wurzeln des Staates Thailand lassen sich bis ins 1. Jahrhundert zurückverfolgen. Damals, in der Zeit der chinesischen Han-Dynastie, lebten die Thai-Stämme in Teilen Südchinas an den ergiebigen Handelsstraßen zwischen Osten und Westen. Im Lauf der Zeit entwickelten die Thai eine enge, wenn auch bisweilen stürmische Beziehung zu den Chinesen. Mit der Zeit zogen sie nach Süden in das heutige Nordthailand, das an Myanmar und Kambodscha grenzt und damals nur dünn von buddhistischen und hinduistischen Völkern besiedelt war.

Die Thai gründeten das unabhängige Königreich Sukhothai (übersetzt „Dämmerung des Glücks"), das später den Namen Siam trug. Durch seine Häfen hatte Siam Zugang zu einer wichtigen Handelsroute. Schiffe aus Japan und aus ganz Europa legten an den Küsten an oder fuhren die Flüsse hinauf und führten fremdartige Waren mit: Tee, Gewürze, Seide, Kupfer und Keramik. Die Portugiesen brachten im 16. Jahrhundert Chili in diesen Teil der Welt, wo die Pflanzen gut gediehen und es noch heute tun. Bedeutend war auch der Handel mit arabischen und indischen Kaufleuten, viele Muslime ließen sich in Siam nieder. Das Königreich Siam existierte bis 1939. Dann wurde es zur konstitutionellen Monarchie Thailand.

Auch im heutigen Thailand ist die Jahrhunderte währende Kulturenvielfalt noch zu spüren. Die Thai sind ein Volk unabhängiger, stolzer, kreativer und leidenschaftlicher Menschen. Ihre Lebensfreude drückt sich auch in ihrer Begeisterung für Vergnügen und Essen aus. Zu jeder Tageszeit wird gern gegessen.

Überall an den Straßen sieht man kleine Verkaufsstände, die eine große Vielfalt kleiner Köstlichkeiten anbieten. Der Respekt der Thai vor Kultur und Tradition drückt sich auch in der Weise aus, wie man die vielen nationalen Feiertage begeht und zu diesen Anlässen aufwändige, oft kunstvoll dekorierte Speisen zubereitet. Gäste werden mit einer endlosen Folge würziger Kleinigkeiten verwöhnt, dazu serviert man exotische Früchte und thailändisches Bier oder einheimischen Whisky, den Mekong. Bei einem Menü kommen alle Gänge gleichzeitig auf den Tisch, sodass der Koch es gemeinsam mit seinen Gästen genießen kann. Die Thai haben eine besondere Tradition der Garnierung, aus Gemüsen werden oft kunstvolle Dekorationen geschnitzt. Diese Kunst ist ein wesentlicher Bestandteil der einheimischen Kultur, in der sich auch die Wertschätzung für das Schöne ausdrückt.

Der Alltag in Thailand ist eng mit den Jahreszeiten verknüpft – mit der Erntezeit und den Unwägbarkeiten des Monsunklimas. Die Thai nehmen ihre Ernährung ernst und achten sehr auf frische Zutaten und ausgewogene Aromen. In ganz Thailand ist Reis das wichtigste Grundnahrungsmittel, doch verschiedene Zubereitungsformen der Kokosnuss liegen dicht dahinter. Die Menschen jeder Region verstehen es, aus den örtlich verfügbaren Zutaten das Beste zu machen, darum gibt es in der Thai-Küche viele regionale Variationen.

GRUNDLAGEN DER THAI-KÜCHE

Die Grundzutaten der Thai-Küche sind Kokosnuss, Limetten, Chillies, Reis, Knoblauch, Zitronengras, Ingwer und Koriander. Zwar ist die Zutatenliste oft recht lang, doch die Vorbereitungs- und Garmethoden sind sehr einfach und auch für einen ungeübten Koch leicht zu handhaben. Das wesentliche Prinzip der Thai-Küche ist Ausgewogenheit. Die fünf Geschmacksextreme – bitter, sauer, scharf, salzig und süß – werden innerhalb eines Menüs ausbalanciert. In einem Menü liefert stets jede Einzelspeise einen definierten Beitrag zum Gesamtergebnis.

TYPISCHE ZUTATEN

BASILIKUM

In der Thai-Küche werden drei verschiedene Basilikumarten verwendet, doch ist das hier erhältliche grüne Basilikum durchaus geeignet. In ausgewählten Asia-Shops erhält man auch Thai-Basilikum.

CHILLIES

Es gibt Chillies in vielen unterschiedlichen Schärfegraden, darum ist bei der Auswahl Vorsicht geboten. Die kleinen roten oder grünen Vogelaugenchillies, die gern für thailändische Gerichte verwendet werden, sind sehr scharf. Wer es milder mag, entfernt die Samen. Rote Chillies sind generell etwas süßlicher und milder als grüne, große Schoten sanfter als kleine. Getrocknete, zerstoßene Chillies werden ebenfalls als Gewürz verwendet.

KOKOSMILCH

Kokosmilch wird aus geriebener frischer Kokosnuss gepresst. Man kann sie in Dosen, in Pulverform oder in Blöcken kaufen. Kokoscreme ist die fetthaltigere, obere Schicht mit einem etwas sahnigeren Charakter und bei uns in Blöcken erhältlich.

KORIANDER

Dieses Kraut mit dem herben, zitrusartigen Geschmack wird für viele herzhafte Gerichte verwendet. Kaufen Sie es möglichst mit Wurzel.

GALGANT

Als Verwandter des Ingwers mit milderem Aroma ist Galgant frisch und getrocknet erhältlich.

KNOBLAUCH

Knoblauch wird ganz, zerdrückt, in Scheiben oder gehackt für herzhafte Gerichte und Currypasten verwendet. Eingelegter Knoblauch ist auch als Dekoration attraktiv.

INGWER

Frische Ingwerwurzel wird geschält und zerkleinert. Sie schmeckt scharf-süßlich.

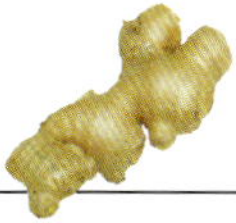

KAFFIR-LIMETTENBLÄTTER

Die Blätter mit dem markanten Zitrusduft sind frisch, getrocknet oder gefroren erhältlich.

ZITRONENGRAS

Ein tropisches Gras, dessen Duft an Zitronenmelisse erinnert. Die faserigen Außenblätter werden entfernt, der Rest in Scheiben geschnitten oder fein gehackt. Man kann es auch in Pulverform oder als Pflanze für die Fensterbank kaufen.

PALMZUCKER

Ein dunkelbrauner, unraffinierter Zucker, der aus Kokospalmen gewonnen wird. Brauner Zucker ist ein guter Ersatz.

REISESSIG

Eine recht milde Essigsorte, die zum Würzen von Speisen verwendet wird. Ersatzweise können Sie Weißweinessig verwenden.

SOJASAUCE

Helle und dunkle Sojasaucen werden zum Würzen verwendet, wobei die helle etwas salziger ist. Helle Sojasauce nimmt man zu Wok-Gerichten mit hellem Fleisch, dunkle für Schmorgerichte und Speisen mit dunklem Fleisch.

TAMARINDENPASTE

Das Mark der Tamarinde wird in Blöcken verkauft. Es hat ein süß-saures Aroma. Für Tamarindensaft das Mark 30 Minuten in Wasser einweichen, dann den Saft auspressen und das Mark samt Kernen wegwerfen.

THAILÄNDISCHE FISCHSAUCE

Auch Nam Pla genannt. Sie wird aus gesalzenem, fermentiertem Fisch hergestellt und hat ein typisches, intensives Aroma. Sie wird wie Salz zum Würzen verwendet.

Suppen & Snacks

Thailändische Menüs sind viel flexibler aufgebaut als europäische. Es gibt keine Vor- und Hauptspeisen. Stattdessen werden Suppen, Beilagen, Reis und Hauptgerichte gleichzeitig aufgetragen. Kleine Snacks serviert man auch am Nachmittag oder ehe sich die Gäste zur eigentlichen Mahlzeit setzen.

Viele Rezepte in diesem Kapitel sind herzhafte Kleinigkeiten, die zu allen Tageszeiten, aber auch zu Festlichkeiten serviert werden. Die Thai essen, wenn sie hungrig sind. Und die Straßenverkäufer kommen dieser Gewohnheit entgegen, indem sie an ihren Ständen vielerlei Kleinigkeiten anbieten. Jeder Straßenhändler hat seine eigene Spezialität, von Krabbenplätzchen über Spare Ribs bis zu gedämpften Muscheln und Reissuppe.

Suppen gehören zu fast allen Mahlzeiten, sogar zum Frühstück. Mittags isst man oft eine Schüssel Suppe – meist auf Basis einer Bouillon – mit roten oder grünen Chillies, feinen Nudeln, Reis, Eierfäden, winzigen Fleischklößchen oder Tofuwürfeln. In Restaurants werden Suppen gern im „Feuertopf" serviert, der auf einem Kohlebrenner steht und in der Mitte einen Schornstein hat.

Garnelentaschen mit süßer Sojasauce

Für 4 Personen

ZUTATEN

DIP:
1 frische kleine rote Chili, entkernt
1 TL Honig
4 EL Sojasauce

TASCHEN:
2 EL frische Korianderblätter
1 Knoblauchzehe
1½ TL thailändische rote Currypaste
16 Wantan-Hüllen
1 Eiweiß, leicht verquirlt
16 Garnelen, geschält
Sonnenblumenöl, zum Frittieren

1 Für den Dip die Chili fein hacken, mit Honig und Sojasauce in einer kleinen Schüssel verrühren. Beiseite stellen.

2 Für die Garnelen-Taschen Koriander und Knoblauch fein hacken, mit der Currypaste verrühren.

3 Die Wantan-Hüllen mit etwas Eiweiß bestreichen. Jede mit einem Löffel Koriandermischung bestreichen und eine Garnele darauf setzen.

4 Den Teig so falten, dass der Schwanz frei bleibt. Die anderen Taschen auf die gleiche Art zubereiten.

5 Das Öl auf 180 °C erhitzen, bis ein Brotwürfel in 30 Sekunden braun ist. Die Garnelen in kleinen Portionen 1–2 Minuten goldbraun und knusprig frittieren. Auf Küchenpapier abtropfen lassen und mit dem Dip servieren.

VARIATION

Wantan-Hüllen können durch Frühlingsrollen-Teig ersetzt werden. Das Teigblatt in lange Streifen schneiden. Koriandermischung und je 1 Garnele auf ein Ende geben, das andere mit Eiweiß bestreichen. Mit dem Teig einwickeln und frittieren.

Sesamtoasts mit Krabben & Huhn

Ergibt 72 Stück

ZUTATEN

- 4 Hähnchenkeulen ohne Haut und Knochen
- 100 g Krabbenfleisch, gegart
- 1 kleines Ei, verquirlt
- 3 Frühlingszwiebeln, fein gehackt
- 2 Knoblauchzehen, zerdrückt
- 2 EL frisch gehackte Korianderblätter
- 1 EL thailändische Fischsauce
- ½ TL gemahlener schwarzer Pfeffer
- ¼ TL Salz
- 12 Scheiben Weißbrot ohne Rinde
- 8 EL Sesamsaat
- Sonnenblumenöl, zum Braten
- Frühlingszwiebel-Streifen, zum Garnieren

1 Hühnerfleisch und Krabben im Mixer fein pürieren. Ei, Frühlingszwiebeln, Knoblauch, Koriander, Fischsauce, Pfeffer und Salz zugeben und noch einige Sekunden durchmixen. In eine Schüssel geben.

2 Die Mischung gleichmäßig auf den Brotscheiben verteilen und bis an den Rand verstreichen. Den Sesam auf einen Teller streuen und die bestrichenen Seiten der Brotscheiben fest hineindrücken.

3 Jede Brotscheibe in 6 gleich große Rechtecke schneiden.

4 Eine große Pfanne 1 cm hoch mit Öl füllen und stark erhitzen. Die Brotrechtecke portionsweise 2–3 Minuten goldbraun braten, dabei einmal wenden.

5 Die Sesamtoasts auf Küchenpapier gut abtropfen lassen. Heiß servieren, mit dünnen Streifen Frühlingszwiebeln garnieren.

TIPP

Für eine Party kann man die Toasts im Voraus zubereiten. In Frischhaltefolie eingewickelt lassen sie sich im Kühlschrank 3 Tage aufbewahren, in Gefrierbeuteln im Tiefkühlfach 1 Monat. Über Nacht im Kühlschrank auftauen lassen, dann 5 Minuten im vorgeheizten Backofen erhitzen.

Fischplätzchen mit scharfem Erdnussdip

Für 4–5 Personen

ZUTATEN

350 g helles Fischfilet, z. B. Dorsch oder Kabeljau
1 EL thailändische Fischsauce
2 TL thailändische rote Currypaste
1 EL Limettensaft
1 Knoblauchzehe, zerdrückt
4 getrocknete Kaffir-Limettenblätter, zerdrückt
1 Eiweiß
3 EL frisch gehackte Korianderblätter

ERDNUSSDIP:
1 frische kleine rote Chili, entkernt und fein gehackt
1 EL helle Sojasauce
1 EL Limettensaft
1 EL Palmzucker
3 EL grobe Erdnussbutter
4 EL Kokosmilch
Salz und Pfeffer

Öl, zum Braten
grüner Blattsalat, zum Servieren

1 Den Fisch im Mixer mit Fischsauce, Currypaste, Limettensaft, Knoblauch, Kaffir-Limettenblättern und Eiweiß glatt pürieren.

2 Den Koriander zugeben und noch einmal mixen. Die Mischung in 10 Portionen teilen, diese zu Kugeln rollen, dann etwas flach drücken und beiseite stellen.

3 Für den Dip die Chili mit den restlichen Zutaten in einen kleinen Topf geben, unter ständigem Rühren erhitzen. Mit Salz und Pfeffer abschmecken.

4 Das Öl in einer Pfanne erhitzen und die Fischplätzchen portionsweise von jeder Seite 3–4 Minuten goldbraun braten. Auf Küchenpapier abtropfen lassen. Heiß auf grünem Blattsalat mit dem Erdnussdip servieren.

2

3

4

Gedämpfte Krebsküchlein

Für 4 Personen

ZUTATEN

1-2 Bananenblätter
2 Knoblauchzehen, zerdrückt
1 TL fein gehacktes Zitronengras
½ TL Pfeffer
2 EL frisch gehackte Korianderblätter
3 EL Kokoscreme
1 EL Limettensaft
200 g gegartes Krebsfleisch aus der Dose, zerpflückt
1 EL thailändische Fischsauce
2 Eiweiß
1 Eigelb
8 frische Korianderblätter
Sonnenblumenöl, zum Frittieren
Chili-Dip, zum Servieren

1 Mit den Bananenblättern 8 Ramequin-Förmchen (100 ml Volumen) auslegen.

2 Knoblauch, Zitronengras, Pfeffer und Koriander mischen. Kokoscreme mit Limettensaft glatt rühren, mit den anderen Zutaten zu Krebsfleisch und Fischsauce geben und gründlich verrühren.

3 In einer trockenen, sauberen Schüssel das Eiweiß steif schlagen, dann gleichmäßig unter die Krebsmischung heben.

4 Die Masse in die vorbereiteten Förmchen geben und leicht andrücken. Die Oberflächen mit Eigelb bestreichen, jedes Förmchen mit einem frischen Korianderblatt garnieren.

5 In einen zur Hälfte mit Wasser gefüllten Dämpfer stellen, abdecken und 15 Minuten dämpfen, bis die Küchlein fest sind. Die Flüssigkeit abgießen, die Küchlein aus den Förmchen nehmen.

6 Das Öl auf 180 °C erhitzen, bis ein Brotwürfel in 30 Sekunden braun ist. Die Krebsküchlein zugeben und 1 Minute goldbraun frittieren, dabei einmal wenden. Heiß servieren. Den Chili-Dip separat dazu reichen.

1

3

4

Krebsfleisch-Sandwich auf thailändische Art

Für 4 Personen

ZUTATEN

- 2 EL Limettensaft
- 2-cm-Stück frische Ingwerwurzel, gerieben
- 2-cm-Stück Zitronengras, fein gehackt
- 5 EL Mayonnaise
- 2 große Scheiben knuspriges Weißbrot
- 1 reife Avocado
- 150 g Krebsfleisch aus der Dose
- Pfeffer
- frische Korianderzweige, zum Garnieren

1 Die Hälfte des Limettensafts mit Ingwer und Zitronengras verrühren. Die Mayonnaise zugeben und gut vermischen.

2 Jede Scheibe Brot mit 1 Esslöffel Mayonnaisemischung bestreichen.

3 Die Avocado halbieren, den Kern entfernen. Das Fleisch schälen, in dünne Scheiben schneiden und auf dem Brot anrichten. Mit Limettensaft beträufeln.

4 Das Krebsfleisch auf die Avocado geben, mit dem restlichen Limettensaft beträufeln. Die restliche Mayonnaisemischung darauf geben, mit Pfeffer würzen, mit einem Korianderzweig garnieren und frisch zubereitet servieren.

TIPP

Für Limetten-Ingwer-Mayonnaise 2 Eigelb, 1 EL Limettensaft und ½ TL geriebenen Ingwer in einen Mixer geben. Beim Mixen 300 ml Olivenöl tropfenweise zugeben, bis eine glatte, dicke Mischung entsteht. Mit Salz und Pfeffer würzen.

Muscheln im würzigen Teigmantel

Für 4 Personen

ZUTATEN

40 große frische Miesmuscheln
2 EL Mehl
2 EL Reismehl
½ TL Salz
1 EL Kokosraspel
1 Eiweiß
1 EL Reiswein
2 EL Wasser
1 kleine rote Chili, entkernt und gehackt
1 EL frisch gehackte Korianderblätter
Sonnenblumenöl, zum Frittieren
Limettenspalten, zum Servieren

1 Die Muscheln waschen. Alle offenen Muscheln, die sich auch bei leichtem Klopfen nicht schließen, aussortieren. Kalt abspülen und in einen Topf geben. Abdecken. Die Muscheln unter gelegentlichem Rütteln des Topfes 2–3 Minuten dämpfen, bis sich die Schalen öffnen. Die Muscheln abgießen und aus den Schalen lösen. Alle noch geschlossenen Muscheln aussortieren.

2 Für den Teig Mehl, Reismehl und Salz in eine Schüssel geben. Kokosraspel, Eiweiß, Reiswein und Wasser zugeben und zu einem glatten Teig verrühren. Chili und Koriander einrühren.

3 Einen großen Topf 5 cm hoch mit Öl füllen und auf 180 °C erhitzen, bis ein Brotwürfel in 30 Sekunden braun ist. Die Muscheln auf eine Gabel spießen, in den Teig tauchen und ins heiße Öl geben. 1–2 Minuten knusprig und goldbraun frittieren.

4 Die Muscheln auf Küchenpapier abtropfen lassen und heiß mit Limettenspalten zum Beträufeln servieren.

TIPP

Bewahren Sie die Muschelschalen auf, um das Fleisch darin appetitlich zu servieren.

Miesmuscheln mit Zitronengras & Basilikum

Für 4 Personen

ZUTATEN

1 kg frische Miesmuscheln
2 Schalotten, fein gehackt
1 Stängel Zitronengras, in dünne Ringe geschnitten
1 Knoblauchzehe, fein gehackt
3 EL Reiswein oder Sherry
2 EL Limettensaft
1 EL thailändische Fischsauce
4 EL frisch gehackte Basilikumblätter
Salz und Pfeffer
2 EL Butter
frische Basilikumblätter, zum Garnieren
knuspriges Brot, zum Servieren

1 Die Muscheln unter kaltem Wasser abspülen und den Bart entfernen. Alle offenen Muscheln, die sich auch bei leichtem Klopfen nicht schließen, aussortieren und wegwerfen.

2 Schalotten, Zitronengras, Knoblauch, Reiswein, Limettensaft und Fischsauce in einen Topf geben und stark erhitzen.

3 Die Muscheln zugeben, abdecken und 2–3 Minuten dämpfen. Dabei den Topf ab und zu rütteln. Die Muscheln sind gar, wenn sie sich öffnen.

4 Alle geschlossenen Muscheln aussortieren. Dann Basilikumblätter einrühren und mit Salz und Pfeffer abschmecken.

5 Die Muscheln mit einem Schaumlöffel aus dem Sud nehmen und auf 4 Schüsseln verteilen. Die Butter mit dem Sud verrühren und über die Muscheln gießen.

6 Mit frischem Basilikum garnieren und mit reichlich Brot zum Auftunken servieren.

TIPP

Als Hauptgericht reicht diese Menge für 2 Personen. Auch Venusmuscheln, in der Schale gegart, eignen sich für dieses Rezept.

3

4

5

Spare Ribs mit Honig & Sojasauce

Für 4 Personen

ZUTATEN

1 kg Spare Ribs, zerteilt
½ Zitrone
½ kleine Orange
2,5-cm-Stück frische Ingwerwurzel, geschält

2 Knoblauchzehen, geschält
1 kleine Zwiebel, gehackt
2 EL Sojasauce
2 EL Reiswein
½ TL thailändisches Sieben-Gewürze-Pulver

2 EL Honig
1 EL Sesamöl
Zitronenscheiben, zum Garnieren
Orangenspalten, zum Servieren

1 Den Backofen auf 180 °C vorheizen. Die Spare Ribs in einen großen Bräter legen, locker mit Alufolie abdecken und 30 Minuten in den Backofen geben.

2 Die Kerne aus Zitrone und Orange entfernen. Die Früchte mit Ingwer, Knoblauch, Zwiebel, Sojasauce, Reiswein, Sieben-Gewürze-Pulver, Honig und Sesamöl glatt pürieren.

3 Das Fett aus dem Bräter abgießen, dann das Püree gleichmäßig auf den Spare Ribs verteilen.

4 Die Spare Ribs in dem Püree wenden. Wieder in den Ofen geben und die Temperatur auf 200 °C erhöhen. Unter gelegentlichem Wenden und Bestreichen 40 Minuten braten, bis sie goldbraun sind. Mit Zitronenscheiben garnieren und sofort mit Orangenspalten servieren.

TIPP

Wer keinen Mixer hat, reibt die Schale von den Zitrusfrüchten ab und presst den Saft aus. Den Ingwer reiben, den Knoblauch pressen und die Zwiebel fein hacken. Dann mit den restlichen Zutaten vermischen.

Gedämpfte Wantans

Für 4 Personen

ZUTATEN

125 g Schweinehack
1 EL getrocknete Krabben, fein gehackt
1 frische grüne Chili, fein gehackt
2 Schalotten, fein gehackt
1 TL Speisestärke
1 kleines Ei, verquirlt
2 TL dunkle Sojasauce
2 TL Reiswein
Salz und Pfeffer
12 Wantan-Hüllen
1 TL Sesamöl
scharfer Dip, zum Servieren

1 Fleisch, Krabben, Chili und Schalotten mischen. Die Speisestärke mit der Hälfte des Eis anrühren und zur Fleischmischung geben. Sojasauce und Reiswein gründlich unterrühren. Mit Salz und Pfeffer kräftig abschmecken.

2 Die Wantan-Hüllen auf einer Arbeitsplatte ausbreiten. In die Mitte jedes Teigblattes 1 Esslöffel der Fleischmischung geben.

3 Den Teig mit dem restlichen Ei bestreichen. Die Ränder hochklappen und leicht zusammendrücken, sodass man die Füllung gerade noch erkennen kann.

4 Wasser in einen Dämpfer geben und zum Kochen bringen. Das Oberteil von innen großzügig mit Sesamöl einpinseln.

5 Die Wantans in das Dämpfer-Oberteil setzen und 15–20 Minuten dämpfen. Heiß mit einem scharfen Dip servieren.

TIPP

Das Wasser im Unterteil des Dämpfers darf nicht aufhören zu kochen, sonst weicht der Teig auf und zerfällt. Falls zu viel Wasser verdampft, bei Bedarf nachgießen.

1

2

3
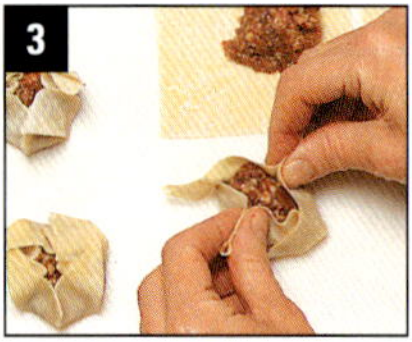

Erdnuss-Schweinefleisch-Körbchen

Für 4 Personen

ZUTATEN

2 Stücke Filo-Teig (à ca. 40 cm x 30 cm)
2 EL Öl
1 Knoblauchzehe, zerdrückt
125 g Schweinehack
1 TL thailändische rote Currypaste
2 Frühlingszwiebeln, fein gehackt
3 EL grobe Erdnussbutter
1 EL helle Sojasauce
1 EL frisch gehackte Korianderblätter
Salz und Pfeffer
frische Korianderblätter, zum Garnieren

1 Jedes Teigblatt in 24 Stücke schneiden, sodass insgesamt 48 Stücke entstehen. Jedes Stück leicht mit Öl einpinseln. Jeweils 4 Stücke aufeinander legen und damit 12 kleine Förmchen auslegen. Den Teig in die Förmchen drücken.

2 Den Backofen auf 200 °C vorheizen. Die Teigschalen 6–8 Minuten goldbraun backen.

3 Unterdessen 1 Esslöffel Öl in einem Wok erhitzen, den Knoblauch zugeben und 30 Sekunden anbraten, das Fleisch zugeben und bei starker Hitze 4–5 Minuten rundum goldbraun anbraten.

4 Currypaste und Frühlingszwiebeln zugeben und 1 Minute braten. Dann Erdnussbutter, Sojasauce und Koriander zufügen. Mit Salz und Pfeffer abschmecken.

5 Die Fleischmischung in die Teigschälchen füllen, mit Koriander garnieren und heiß servieren.

TIPP

Der Teig trocknet schnell aus. Daher Stücke, die gerade nicht verarbeitet werden, mit einem feuchten Küchentuch oder mit Frischhaltefolie abdecken.

Hähnchenflügel mit Ingwer

Für 4 Personen

ZUTATEN

2 Knoblauchzehen, geschält
1 Ingwerpflaume, abgetropft
1 TL Koriandersamen
2 EL Ingwersirup
2 EL dunkle Sojasauce
1 EL Limettensaft
1 TL Sesamöl
12 Hähnchenflügel

GARNIERUNG:
Limettenspalten
frische Korianderblätter

1 Knoblauch und Ingwer grob hacken. Beides mit den Koriandersamen im Mörser zu einer Paste verarbeiten, dabei nach und nach Ingwersirup, Sojasauce, Limettensaft und Sesamöl zugießen.

2 Die dünneren Teile der Hähnchenflügel unter die dickeren schieben, um gleichmäßige Dreiecksformen zu erhalten. In eine große Schüssel geben.

3 Die Ingwerpaste in die Schüssel geben und die Hähnchenflügel darin wenden. Abdecken und einige Stunden oder über Nacht im Kühlschrank marinieren.

4 Die Hähnchenflügel nebeneinander in eine mit Alufolie ausgelegte Grillpfanne legen und unter den vorgeheizten Backofengrill schieben. Bei mittlerer Hitze unter gelegentlichem Wenden 12–15 Minuten grillen, bis das Fleisch goldbraun und gar ist.

5 Alternativ auf einem leicht eingeölten Grillrost auf dem Holzkohlegrill 15 Minuten grillen. Mit Limettenspalten und frischem Koriander servieren.

TIPP

Für die Garprobe an der dicksten Stelle mit einer Gabel tief ins Fleisch stechen. Tritt klarer Saft ohne eine Spur Rosafärbung aus, ist das Fleisch gar. Anderenfalls noch einige Minuten grillen.

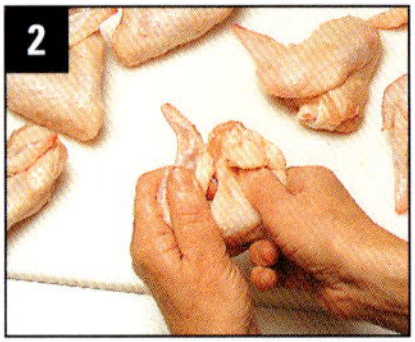

Gefüllte Hähnchenflügel

Für 4 Personen

ZUTATEN

8 Hähnchenflügel
3 EL getrocknete Krabben
3 EL heißes Wasser
200 g Schweinehack
1 Knoblauchzehe, zerdrückt
1 EL thailändische Fischsauce
½ TL Salz
½ TL Pfeffer
2 Frühlingszwiebeln, fein gehackt
¼ TL Kurkuma
1 kleines Ei, verquirlt
2 EL Reismehl
Sonnenblumenöl, zum Frittieren
frische rote Chillies, zum Garnieren

ZUM SERVIEREN:
Gurkenscheiben
süßer Chili-Dip

1 Das Fleisch um das Knochenende einschneiden, dann den Knochen mit dem Messer herausschälen. Gleichzeitig die Haut mit abziehen. Beim Gelenk das freie Knochenende anfassen und kräftig drehen, um es abzutrennen. Den Knochen entfernen, das Fleisch aufklappen.

2 Am nächsten langen Knochen das Fleisch weiter mit dem Messer auslösen und am Ende das Gelenk abdrehen. Nur die Flügelspitze bleibt unversehrt.

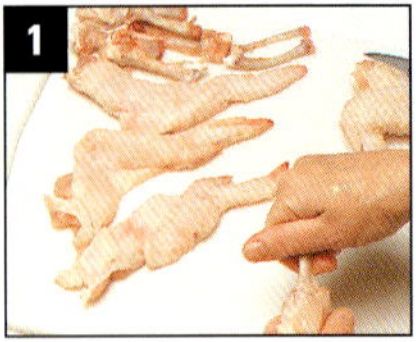

3 Inzwischen die getrockneten Krabben im heißen Wasser 10–15 Minuten einweichen, abgießen und hacken. Krabben, Schweinefleisch, Knoblauch, Fischsauce, Salz und Pfeffer im Mixer glatt pürieren. Die Mischung in eine Schüssel geben, die Frühlingszwiebeln zugeben und verrühren.

4 Die Hähnchenflügel mit der Mischung füllen, gut mit den Fingern andrücken.

5 Kurkuma und Ei verquirlen. Jeden Flügel vollständig in Reismehl wenden, das überschüssige Mehl abklopfen.

6 Einen großen Topf 5 cm hoch mit Öl füllen und auf 180 °C erhitzen, sodass ein Brotwürfel in 30 Sekunden braun ist. Die Hähnchenflügel kurz in dem gewürzten Ei wenden, dann vorsichtig in das Öl geben und in kleinen Portionen 8–10 Minuten goldbraun frittieren, dabei einmal wenden.

7 Die Hähnchenflügel auf Küchenpapier abtropfen lassen. Mit roten Chillies garnieren und heiß oder kalt mit Gurkenscheiben und einer süßlichen Chilisauce servieren.

Zitronengras-Spieße

Für 4 Personen

ZUTATEN

2 lange oder 4 kurze Stängel Zitronengras
2 große Hähnchenbrustfilets, à ca. 200 g
1 kleines Eiweiß
1 Karotte, fein gerieben
1 frische kleine rote Chili, entkernt und gehackt
2 EL frisch gehackter Schnittlauch
2 EL frisch gehackte Korianderblätter
Salz und Pfeffer
1 EL Sonnenblumenöl

GARNIERUNG:
frische Korianderblätter
Limettenscheiben

1 Lange Zitronengrasstängel halbieren, um insgesamt 4 Stücke zu erhalten. Jedes Stück noch einmal halbieren, sodass 8 Stücke entstehen.

2 Das Fleisch würfeln und mit dem Eiweiß im Mixer glatt pürieren. Karotte, Chili, Schnittlauch und Koriander zugeben, mit Salz und Pfeffer würzen. Einige Sekunden gut durchmixen.

3 Die Mischung für etwa 15 Minuten in den Kühlschrank stellen. Dann in 8 gleiche Portionen teilen und an die Zitronengras-„Spieße" drücken.

4 Die Spieße mit Öl bepinseln und unter dem vorgeheizten Backofengrill bei mittlerer Hitze ca. 4–6 Minuten goldbraun garen. Dabei gelegentlich wenden. Alternativ ebenso lange auf dem Holzkohlegrill garen.

5 Mit Koriander und Limettenscheiben garnieren und sofort servieren.

TIPP

Wenn Sie kein frisches Zitronengras bekommen, können Sie Holz- oder Bambusspieße verwenden und 1 TL gemahlenes Zitronengras an die Fleischmischung geben.

1

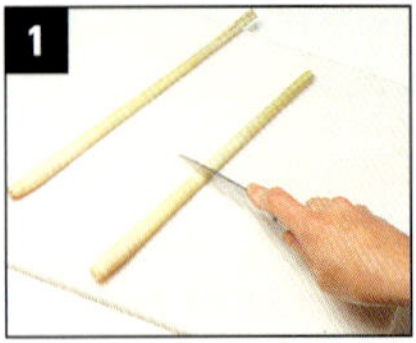

3

4

Hähnchen in Bananenblättern

Für 4–6 Personen

ZUTATEN

1 Knoblauchzehe, gehackt
1 TL fein gehackte frische Ingwerwurzel
¼ TL Pfeffer
2 frische Korianderblätter
1 EL thailändische Fischsauce
1 EL Whisky
3 Hähnchenbrustfilets
2–3 Bananenblätter, in Quadrate von 7 cm Seitenlänge geschnitten
Sonnenblumenöl, zum Braten
süße Chilisauce, zum Servieren

1 Knoblauch, Ingwer, Pfeffer, Koriander, Fischsauce und Whisky im Mörser zerstoßen und zu einer glatten Paste verarbeiten.

2 Das Fleisch in 2,5 cm große Würfel schneiden und in der Paste wenden. Abdecken und zum Marinieren 1 Stunde in den Kühlschrank stellen.

3 Je ein Stück Fleisch auf ein Stück Bananenblatt legen und zu einem Päckchen einwickeln. Mit einem Zahnstocher zustecken oder mit etwas Küchengarn gut verschnüren.

4 Eine gusseiserne Pfanne 3 mm hoch mit Öl füllen und stark erhitzen.

5 Die Päckchen etwa 8–10 Minuten goldbraun braten, dabei gelegentlich wenden. Mit einer süßlichen Chilisauce servieren.

TIPP

Eine mild-süßliche Chilisauce erhalten Sie, wenn Sie Chilisauce und Tomatenketschup zu gleichen Teilen mischen und mit etwas Reisessig abschmecken.

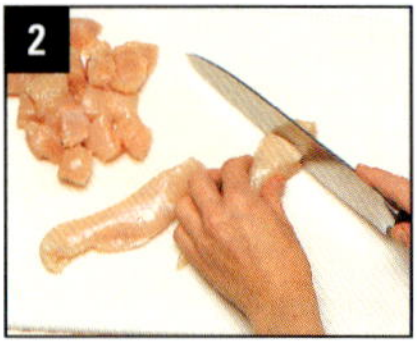

Geflügelklößchen mit Dip

Für 4–6 Personen

ZUTATEN

2 große Hähnchenbrustfilets
3 EL Öl
2 Schalotten, fein gehackt
½ Selleriestange, fein gehackt
1 Knoblauchzehe, zerdrückt
2 EL helle Sojasauce
1 kleines Ei
Salz und Pfeffer
1 Bund Frühlingszwiebeln
Frühlingszwiebel-Quasten, zum Garnieren

DIP:
3 EL dunkle Sojasauce
1 EL Reiswein
1 TL Sesamsaat

1 Das Fleisch in 2 cm große Würfel schneiden. Die Hälfte des Öls in einem Wok oder einer Pfanne erhitzen. Das Fleisch darin bei starker Hitze 2–3 Minuten goldbraun anbraten. Mit einem Schaumlöffel aus dem Wok nehmen und beiseite stellen.

2 Schalotten, Sellerie und Knoblauch in den Wok geben und 1–2 Minuten weich dünsten, aber nicht bräunen.

3 Fleisch, Schalotten, Sellerie und Knoblauch in einen Mixer geben und fein zerkleinern. 1 Esslöffel helle Sojasauce und gerade genug Ei zugeben, um einen festen Teig zu erhalten. Mit Salz und Pfeffer würzen.

4 Die Frühlingszwiebeln putzen und in 5 cm lange Stücke schneiden. Für den Dip dunkle Sojasauce, Reiswein und Sesamsaat verrühren und beiseite stellen.

5 Aus dem Teig 16–18 walnussgroße Kugeln formen. Das restliche Öl in der Pfanne erhitzen und die Klößchen portionsweise 4–5 Minuten unter Rühren goldbraun braten. Auf Küchenpapier abtropfen lassen und warm halten.

6 Die Frühlingszwiebeln 1–2 Minuten anbraten, bis sie weich werden, dann die restliche helle Sojasauce zugeben. Mit den Klößchen und dem Dip auf einer Platte anrichten und mit den Frühlingszwiebel-Quasten servieren.

Gefüllte Eier

Für 4 Personen

ZUTATEN

4 große Eier
100 g Schweinehack
175 g helles Krebsfleisch aus der Dose, abgetropft
1 Knoblauchzehe, zerdrückt
1 TL thailändische Fischsauce
½ TL gemahlenes Zitronengras
1 EL frisch gehackte Korianderblätter
1 EL Kokosraspel
Salz und Pfeffer
100 g Mehl
150 ml Kokosmilch
Sonnenblumenöl, zum Frittieren
Gurkenblüten, zum Garnieren
grüner Salat, zum Servieren

1 Die Eier in einen kleinen Topf mit kochendem Wasser geben, 10 Minuten hart kochen. Die Eier abgießen, die Schale leicht anschlagen und unter fließend kaltem Wasser abschrecken. Dann schälen.

2 Die Eier längs halbieren und das Eigelb herauslösen. Das Eigelb in einer Schüssel mit Schweinefleisch, Krebsfleisch, Knoblauch, Fischsauce, Zitronengras, Koriander und Kokosraspeln vermischen. Mit Salz und Pfeffer würzen und alles gut verkneten.

3 Die Mischung in 8 gleiche Portionen teilen und in die Eihälften füllen. Je zwei Hälften zusammensetzen und mit den Händen gut zusammendrücken.

4 Mehl und Kokosmilch zu einem dicken Teig verrühren, mit Salz und Pfeffer würzen. Einen großen Topf 5 cm hoch mit Öl füllen und auf 180 °C erhitzen, bis ein Brotwürfel in 30 Sekunden braun wird. Jedes Ei in dem Teig wälzen und den überschüssigen Teig abstreifen.

5 Die Eier portionsweise in 5 Minuten goldbraun frittieren. Mit einem Schaumlöffel aus dem Topf nehmen und auf Küchenpapier abtropfen lassen. Die Eier warm oder kalt mit Gurkenblüten zu einem grünen Salat servieren.

2

3

4

Gefülltes Omelett

Für 4 Personen

ZUTATEN

2 Knoblauchzehen, gehackt
4 schwarze Pfefferkörner
4 frische Korianderzweige
2 EL Öl

200 g Schweinehack
2 Frühlingszwiebeln, gehackt
1 große, feste Tomate, gehackt
6 große Eier

1 EL thailändische Fischsauce
¼ TL Kurkuma
gemischter Blattsalat mit Dressing, zum Servieren

1 Knoblauch, Pfefferkörner und Koriander im Mörser fein zerstoßen.

2 Einen Esslöffel Öl bei mittlerer Hitze im Wok erhitzen. Die Gewürzpaste zugeben und 1–2 Minuten anbraten, bis sich die Farbe leicht verändert.

3 Das Hackfleisch zugeben und unter Rühren hellbraun anbraten. Frühlingszwiebeln und Tomate 1 Minute mitbraten, dann vom Herd nehmen und beiseite stellen.

4 Das restliche Öl in einer kleinen Pfanne erhitzen. Die Eier mit Fischsauce und Kurkuma aufschlagen, ein Viertel der Mischung in die Pfanne gießen. Wenn das Omelett zu stocken beginnt, leicht umrühren, damit die ganze Mischung stockt.

5 Ein Viertel der Fleischmischung in die Mitte des Omeletts geben. Die Seiten zur Mitte hin klappen, um die Füllung einzuschließen. 3 weitere Omeletts ebenso zubereiten.

6 Die Omeletts jeweils auf einem Teller anrichten und mit gemischtem Salat servieren.

TIPP

Alternativ ein Omelett ganz mit der Fleischmasse bestreichen, ein zweites darauf legen und in Streifen oder Tortenstücke schneiden.

Vegetarische Frühlingsrollen

Für 4 Personen

ZUTATEN

25 g dünne Glasnudeln
2 EL Erdnussöl
2 Knoblauchzehen, zerdrückt
½ TL frisch geriebene Ingwerwurzel
50 g Austernpilze, in dünne Streifen geschnitten
2 Frühlingszwiebeln, fein gehackt
50 g Bohnensprossen
1 kleine Karotte, in feine Streifen geschnitten
½ TL Sesamöl
1 EL helle Sojasauce
1 EL Reiswein oder trockener Sherry
¼ TL Pfeffer
1 EL frisch gehackte Korianderblätter
1 EL frisch gehackte Minzeblätter
24 Blätter Frühlingsrollen-Teig
½ TL Speisestärke
Erdnussöl, zum Frittieren
frische Minzeblätter, zum Garnieren

1 Die Nudeln in einer Schüssel mit kochendem Wasser übergießen und 4 Minuten quellen lassen. Abgießen, kalt abschrecken und abtropfen lassen. Die Nudeln in 5 cm lange Stücke schneiden.

2 Das Erdnussöl in einem Wok oder einer Pfanne stark erhitzen. Knoblauch, Ingwer, Pilze, Frühlingszwiebeln, Bohnensprossen und Karotte zugeben und 1 Minute braten, bis das Gemüse gerade weich ist.

3 Sesamöl, Sojasauce, Reiswein, Pfeffer, Koriander und Minze sorgfältig einrühren, dann den Wok vom Herd nehmen. Die Glasnudeln vorsichtig unterheben.

4 Die Teigblätter diagonal auf der Arbeitsplatte auslegen. Die Speisestärke mit 1 Esslöffel Wasser verrühren und die Ränder jedes Teigblattes damit bestreichen. Etwas Füllung auf das vordere Drittel des Teigblattes geben.

5 Die freie Spitze des Teigblattes über die Füllung falten, dann die Seiten vorsichtig einschlagen. Anschließend den Teig aufrollen, die Spitze mit der restlichen angerührten Speisestärke bestreichen.

6 Das Öl in einem Wok oder einer Fritteuse auf 180 °C erhitzen, bis ein Brotwürfel in 30 Sekunden braun ist. Die Frühlingsrollen portionsweise 2–3 Minuten goldbraun und knusprig frittieren.

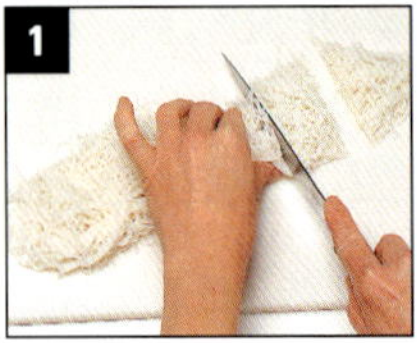

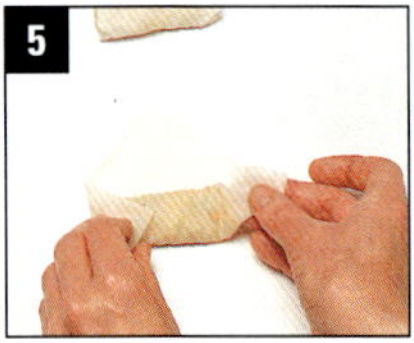

Süß-saurer Meeresfrüchte-Salat

Für 6 Personen

ZUTATEN

18 frische Miesmuscheln
6 große Jakobsmuscheln
200 g kleine, ganze Tintenfische, küchenfertig
2 Schalotten, fein gehackt
6 Garnelen, geschält und geputzt
¼ Gurke
1 Karotte
¼ Kopf Chinakohl, in feine Streifen geschnitten

DRESSING:
4 EL Limettensaft
2 Knoblauchzehen, fein gehackt
2 EL thailändische Fischsauce
1 TL Sesamöl
1 EL Palmzucker
2 EL frisch gehackte Minzeblätter
¼ TL Pfeffer
Salz

1 Die Muscheln waschen. Alle offenen Muscheln, die sich auch bei leichtem Klopfen nicht schließen, aussortieren. Nur mit dem anhaftenden Wasser 1–2 Minuten dämpfen, bis sie sich öffnen. Mit einem Schaumlöffel aus dem Topf nehmen. Geschlossene Muscheln aussortieren. Den Sud aufbewahren.

2 Von den Jakobsmuscheln den Rogen entfernen. Das Fleisch quer halbieren. Von den Tintenfischen die Tentakel abtrennen, die Körper in Ringe schneiden.

3 Die Schalotten in den Muschelsud geben und bei starker Hitze auf 3 Esslöffel einkochen. Jakobsmuscheln, Tintenfisch und Garnelen zugeben und unter Rühren 2–3 Minuten garen. Die Mischung in eine große Schüssel füllen.

4 Gurke und Karotte längs halbieren, dann schräg in dünne, zugespitzte Stifte schneiden. Mit dem Chinakohl vermischen.

5 Alle Zutaten für das Dressing in ein Schraubglas geben, verschließen und gut durchschütteln. Kräftig mit Salz abschmecken.

6 Gemüse und Meeresfrüchte vermengen. Mit dem Dressing übergießen und sofort servieren.

Warmer Thunfisch-Tomaten-Salat mit Ingwerdressing

Für 4 Personen

ZUTATEN

50 g Chinakohl, in schmalen Streifen
3 EL Reiswein
2 EL thailändische Fischsauce
1 EL frisch gehackte Ingwerwurzel
1 Knoblauchzehe, fein gehackt
½ frische rote Chili, fein gehackt
2 TL Palmzucker
2 EL Limettensaft
400 g frisches Thunfischsteak
Sonnenblumenöl, zum Bepinseln
125 g Cocktailtomaten

GARNIERUNG:
frisch gehackte Minzeblätter
Minzezweige

1 Den Chinakohl auf einem Servierteller auslegen. Reiswein, Fischsauce, Ingwer, Knoblauch, Chili, Palmzucker und 1 Esslöffel Limettensaft in ein Schraubglas geben, verschließen und schütteln.

2 Den Fisch in gleichmäßige Streifen schneiden. Mit dem restlichen Limettensaft beträufeln.

3 Eine große Pfanne mit Öl einpinseln und stark erhitzen. Den Fisch zugeben und braten, bis er fest und goldbraun ist. Aus der Pfanne nehmen und beiseite stellen.

4 Die Tomaten in die Pfanne geben und bei starker Hitze leicht anbraten. Thunfisch und Tomaten auf dem Chinakohl anrichten. Mit dem Dressing übergießen, mit gehackten Minzeblättern und Minzezweigen garnieren und sofort servieren.

TIPP

Für eine schnelle Variante verwenden Sie Thunfisch aus der Dose. Abtropfen lassen und in Stücke zupfen. Schritt 2 und 3 überspringen.

Wantan-Suppe mit Krabben & Chili

Für 4 Personen

ZUTATEN

WANTANS:
180 g Krabben, gegart
1 Knoblauchzehe, zerdrückt
1 Frühlingszwiebel, fein gehackt
1 EL dunkle Sojasauce
1 EL thailändische Fischsauce
1 EL frisch gehackte Korianderblätter
1 kleines Ei, getrennt
12 Wantan-Hüllen

SUPPE:
2 kleine frische rote Chillies
2 Frühlingszwiebeln
1 l Rinderbrühe
1 EL thailändische Fischsauce
1 EL dunkle Sojasauce
1 EL Reiswein
frische Korianderblätter, zum Garnieren

1 Für die Füllung die Krabben fein hacken. In einer kleinen Schüssel mit Knoblauch, Frühlingszwiebel, Sojasauce, Fischsauce, gehacktem Koriander und Eigelb gut verrühren.

2 Die Wantan-Hüllen auf der Arbeitsfläche ausbreiten. In die Mitte jedes Teigblattes 1 Esslöffel Füllung geben. Die Ränder mit Eiweiß bestreichen, die Teigblätter zu Dreiecken falten und die Ränder zusammendrücken. Die beiden unteren Ecken zur Mitte legen und mit etwas Eiweiß ankleben.

3 Für die Suppe die Chillies in schräge Ringe schneiden. Wenn die Suppe nicht so scharf werden soll, die Chilisamen entfernen. Die Frühlingszwiebeln in schräge Ringe schneiden.

4 Brühe, Fischsauce, Sojasauce und Reiswein in einem großen Topf bei mittlerer Hitze aufkochen. Chillies und Frühlingszwiebeln zufügen. Die Wantans zugeben und 4–5 Minuten köcheln, bis sie gar sind.

5 Die Wantans auf Schälchen verteilen und mit der Suppe übergießen. Mit Koriander garnieren und sofort servieren.

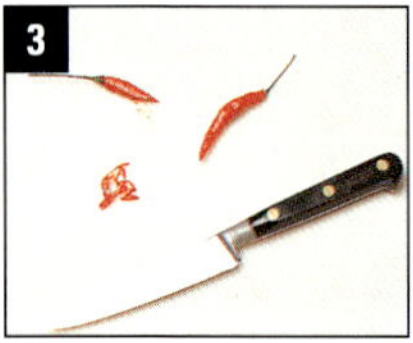

Tom Yam Kung

Für 4 Personen

ZUTATEN

350 g ganze Krabben
1 EL Öl
1 Stängel Zitronengras, grob gehackt
2 Kaffir-Limettenblätter, in Streifen geschnitten
1 frische grüne Chili, entkernt und gehackt
1,2 l Hühnerbrühe oder Fischfond
1 Limette
1 EL thailändische Fischsauce
Salz und Pfeffer
1 frische kleine rote Chili, entkernt und in dünne Ringe geschnitten
1 Frühlingszwiebel, in dünne Ringe geschnitten
1 EL fein gehackte Korianderblätter, zum Garnieren

1 Die Krabben schälen, die Köpfe entfernen. Die Schalen aufbewahren. Den schwarzen Darmfaden entfernen, die Krabben abdecken und kalt stellen.

2 Das Öl in einem großen Topf erhitzen, die Krabbenschalen darin 3–4 Minuten anbraten, bis sie rosa werden. Zitronengras, Kaffir-Limettenblätter, Chili und Brühe zugeben. Von der Limette einen Streifen Schale abschneiden, den Rest abreiben und zur Suppe geben.

3 Alles zum Kochen bringen, die Hitze reduzieren und bei schwacher Hitze 20 Minuten köcheln.

4 Die Brühe durch ein Sieb gießen und wieder in den Topf geben. Den Saft der Limette ausdrücken, mit der Fischsauce in den Topf geben. Mit Salz und Pfeffer abschmecken.

5 Die Suppe aufkochen. Die Hitze reduzieren, die Krabben zufügen und 2–3 Minuten köcheln.

6 Chili und Frühlingszwiebel zugeben. Die Suppe mit Koriander bestreuen und servieren.

TIPP

Um den Darm von den Krabben zu entfernen, zuerst die Schalen ablösen. Dann den Rücken einschneiden und den dunklen Darm im Rücken abziehen. Mit Küchenpapier abtupfen.

Cremige Maissuppe mit Ei

Für 4 Personen

ZUTATEN

1 EL Öl
3 Knoblauchzehen, zerdrückt
1 TL frisch geriebene Ingwerwurzel
700 ml Hühnerbrühe
380 g Gemüsemais aus der Dose, püriert
1 EL thailändische Fischsauce
170 g Krebsfleisch aus der Dose, abgetropft
Salz und Pfeffer
1 Ei

GARNIERUNG:
frische Korianderblätter, in Streifen geschnitten
Paprikapulver

1 Das Öl in einem großen Topf erhitzen. Den Knoblauch zufügen und 1 Minute unter ständigem Rühren anbraten.

2 Den Ingwer zugeben, dann Brühe und Maispüree einrühren. Alles zum Kochen bringen.

3 Fischsauce und Krebsfleisch einrühren und mit Salz und Pfeffer abschmecken. Die Suppe wieder aufkochen.

4 Das Ei verquirlen, dann in die Suppe einrühren, bis es lange Fäden bildet. 30 Sekunden köcheln, bis das Ei gestockt ist.

5 Die Suppe in Schälchen füllen, mit Korianderstreifen und Paprikapulver garnieren und servieren.

TIPP

Für besondere Anlässe geben Sie vor dem Servieren 1 EL trockenen Sherry oder Reiswein zu.

Kürbis-Kokos-Suppe

Für 6 Personen

ZUTATEN

1 kg Kürbis
1 EL Erdnussöl
1 TL gelbe Senfkörner
1 Knoblauchzehe, zerdrückt
1 große Zwiebel, gehackt
1 Selleriestange, gehackt
1 kleine rote Chili, gehackt
1 EL getrocknete Krabben
850 ml Gemüsebrühe
5 EL Kokoscreme
Salz und Pfeffer
Kokoscreme, zum Garnieren

1 Den Kürbis halbieren, die Kerne herausschaben. Den Kürbis schälen und das Fleisch würfeln.

2 Das Öl in einem großen Topf erhitzen. Die Senfkörner anbraten, bis sie zu springen beginnen. Knoblauch, Zwiebel, Sellerie und Chili zugeben und 1–2 Minuten mitbraten.

3 Kürbis, getrocknete Krabben und Brühe zugeben und alles zum Kochen bringen. Die Hitze reduzieren, abdecken und bei schwacher Hitze 30 Minuten köcheln.

4 Die Suppe im Mixer glatt pürieren. Zurück in den Topf gießen und die Kokoscreme einrühren.

5 Mit Salz und Pfeffer abschmecken. Jede Portion mit einem Löffel Kokoscreme garnieren und heiß servieren.

TIPP

Für die Garnierung einen Löffel Kokoscreme in die Suppe geben und mit einem Zahnstocher zu Schnörkeln ziehen.

Leichte Suppe mit Pilzen & Tofu

Für 4 Personen

ZUTATEN

- 4 getrocknete Shiitake-Pilze
- 150 ml kochendes Wasser
- 1 EL Sonnenblumenöl
- 1 TL Sesamöl
- 1 Knoblauchzehe, zerdrückt
- 1 frische grüne Chili, entkernt und fein gehackt
- 6 Frühlingszwiebeln
- 80 g frische Austernpilze, in Streifen geschnitten
- 2 Kaffir-Limettenblätter, in feine Streifen geschnitten
- 1 l Rinderbrühe
- 2 EL Limettensaft
- 1 EL Reisessig
- 1 EL thailändische Fischsauce
- 80 g fester Tofu, gewürfelt
- Salz und Pfeffer

1 Die getrockneten Pilze in eine ofenfeste Schüssel geben, mit dem kochenden Wasser übergießen und 30 Minuten quellen lassen. Abgießen und die Einweichflüssigkeit auffangen. Die Pilze grob hacken.

2 Sonnenblumen- und Sesamöl in einem Wok oder einer großen Pfanne stark erhitzen. Knoblauch, Chili und Frühlingszwiebeln unter Rühren 1 Minute anbraten, aber nicht bräunen.

3 Pilze, Kaffir-Limettenblätter, Brühe und Einweichwasser der Pilze zugeben. Alles aufkochen.

4 Limettensaft, Reisessig und Fischsauce einrühren. Die Hitze reduzieren und 3–4 Minuten köcheln.

5 Die Tofuwürfel zugeben und mit Salz und Pfeffer abschmecken. Kurz aufkochen, dann sofort servieren.

TIPP

Verwenden Sie für diese Suppe eine selbst gekochte, klare Rinderbrühe oder alternativ japanische Dashi. Instantbrühe wird meist trüb. Für eine vegetarische Variante verwenden Sie Gemüsebrühe und ersetzen die Fischsauce durch helle Sojasauce.

Reissuppe mit Ei

Für 4 Personen

ZUTATEN

1 TL Sonnenblumenöl
1 Knoblauchzehe, zerdrückt
50 g Schweinehack
3 Frühlingszwiebeln, in Ringe geschnitten
1 EL frisch geriebene Ingwerwurzel
1 frische kleine rote Chili, entkernt und gehackt
1 l Hühnerbrühe
200 g Langkornreis, gegart
1 EL thailändische Fischsauce
Salz und Pfeffer
4 kleine Eier
2 EL frische Korianderblätter, in Streifen geschnitten, zum Garnieren

1 Das Öl in einem Wok oder einer Pfanne erhitzen. Knoblauch und Fleisch zugeben und bei schwacher Hitze 1 Minute pfannenrühren, bis das Fleisch zerfällt, aber nicht bräunt.

2 Frühlingszwiebeln, Ingwer, Chili und Brühe zugeben und unter ständigem Rühren zum Kochen bringen. Den Reis zugeben, die Hitze reduzieren und 2 Minuten köcheln.

3 Die Fischsauce zugeben und mit Salz und Pfeffer abschmecken. Die Eier vorsichtig in die Suppe geben und 3–4 Minuten köcheln.

4 Die Suppe in Schälchen füllen, in jede 1 Ei geben. Mit Korianderstreifen garnieren und servieren.

TIPP

Alternativ verquirlen Sie die Eier, braten ein Omelett und schneiden es in Streifen. Vor dem Servieren in die Suppe geben.

Spinatsuppe mit Ingwer

Für 4 Personen

ZUTATEN

2 EL Sonnenblumenöl
1 Zwiebel, gehackt
2 Knoblauchzehen, fein gehackt
2,5-cm-Stück frische Ingwerwurzel, fein gehackt
250 g frischer Blattspinat
1 kleiner Stängel Zitronengras, fein gehackt
1 l Hühnerbrühe oder Gemüsebrühe
1 kleine Kartoffel, geschält und klein gewürfelt
1 EL Reiswein oder Sherry
Salz und Pfeffer
1 TL Sesamöl, zum Servieren

1 Das Öl in einem großen Topf erhitzen. Zwiebel, Knoblauch und Ingwer zugeben und 3–4 Minuten glasig dünsten.

2 Für die Garnierung 2–3 Spinatblätter beiseite legen. Die restlichen Blätter mit dem Zitronengras in den Topf geben und rühren, bis der Spinat zusammenfällt. Brühe und Kartoffel zugeben und zum Kochen bringen. Die Hitze reduzieren und abgedeckt 10 Minuten leicht kochen, bis das Gemüse weich ist.

3 Die Suppe in einen Mixer geben und glatt pürieren.

4 Zurück in den Topf gießen. Mit Reiswein oder Sherry, Salz und Pfeffer abschmecken und durchwärmen, aber nicht mehr kochen.

5 Die beiseite gelegten Spinatblätter fein hacken und über die Suppe streuen. Mit etwas Sesamöl beträufeln und heiß servieren.

VARIATION

Eine cremige, exotische Suppe erhalten Sie, wenn Sie 4 Esslöffel Kokoscreme einrühren oder 300 ml der Brühe durch Kokosmilch ersetzen. Diese Suppe dann mit frischen Kokosspänen garnieren.

Gekühlte Avocadosuppe mit Limetten

Für 4 Personen

ZUTATEN

2 reife Avocados
1 kleine milde Zwiebel, gehackt
1 Knoblauchzehe, zerdrückt
1 EL frisch gehackte Minzeblätter
2 EL frisch gehackte Korianderblätter
2 EL Limettensaft
700 ml Gemüsebrühe
1 EL Reisessig
1 EL helle Sojasauce
Salz und Pfeffer

GARNIERUNG:
2 EL saure Sahne oder Crème fraîche
1 EL frisch gehackte Korianderblätter
2 TL Limettensaft
Limettenschale, fein gerieben

1 Die Avocados halbieren und entkernen. Das Fruchtfleisch herausschaben. Zusammen mit Zwiebel, Knoblauch, Minze, Koriander, Limettensaft und der Hälfte der Brühe in einen Mixer geben und pürieren.

2 Die Mischung in eine Schüssel füllen. Die restliche Brühe, Reisessig und Sojasauce zugießen und gut verrühren. Mit Salz, Pfeffer und eventuell zusätzlichem Limettensaft abschmecken. Abdecken und bis zum Verzehr kalt stellen.

3 Für die Garnierung saure Sahne oder Crème fraîche, Koriander und Limettensaft vermischen. Die Suppe in gekühlte Schälchen füllen, mit einem Löffel Limetten-Koriander-Sahne garnieren und mit der Limettenschale bestreuen.

TIPP

Die Oberfläche der Suppe kann sich leicht verdunkeln, wenn sie länger als 1 Stunde steht. Dann einfach vor dem Servieren kurz umrühren. Decken Sie die Suppe mit etwas Frischhaltefolie luftdicht ab, falls sie über mehrere Stunden aufbewahrt werden soll.

Fleisch & Fisch

In Thailand isst man viel Fisch. Fleisch spielt meist eine untergeordnete Rolle, außer zu besonderen Anlässen. Vom warmen Meer werden vielerlei Fische und Meeresfrüchte angelandet. Und auch in den thailändischen Binnengewässern, sogar in den Kanälen zwischen den Reisfeldern, leben viele Fischarten. So ist es nicht verwunderlich, dass neben Reis Fisch eine wichtige Rolle in der Thai-Küche spielt.

Selbst mitten in Bangkok findet man auf den Märkten frischen Fisch und Meeresfrüchte in großer Auswahl. In den Küstenorten bieten Reihen von Ständen mit Strohdächern allerlei Köstlichkeiten aus dem Meer an, von gegrilltem oder gedämpftem Fisch mit Ingwer über Krabben in Kokosmilch und Koriander bis zu gedämpften Krebsen.

Weil der Buddhismus das Töten von Tieren verbietet, sind viele Fleischer Einwanderer, z. B. aus China. Die Religion verbietet den Verzehr von Fleisch zwar nicht, doch es bleibt meist besonderen Gelegenheiten vorbehalten. Geflügel ist beliebter als Rindfleisch, gern wird auch Huhn mit Meeresfrüchten wie Krabben oder Krebsfleisch kombiniert. Die beliebte Ente wird ähnlich wie in China mit Gewürzen, Sojasauce oder einer süßlichen Glasur gegrillt.

Rindfleisch mit Bohnensprossen

Für 4 Personen

ZUTATEN

1 Bund Frühlingszwiebeln
2 EL Sonnenblumenöl
1 Knoblauchzehe, zerdrückt
1 TL frisch gehackte Ingwerwurzel
500 g mageres Rindfleisch, in Streifen geschnitten
1 große rote Paprika, entkernt und in Streifen geschnitten
1 frische kleine rote Chili, entkernt und gehackt
350 g frische Bohnensprossen
1 kleiner Stängel Zitronengras, fein gehackt
2 EL Erdnussbutter
4 EL Kokosmilch
1 EL Reisessig
1 EL Sojasauce
1 TL Palmzucker
250 g Eiernudeln
Salz und Pfeffer

1 Die Frühlingszwiebeln putzen und in Ringe schneiden, einige zum Garnieren beiseite legen.

2 Das Öl in einem Wok oder einer Pfanne stark erhitzen. Frühlingszwiebeln, Knoblauch und Ingwer zugeben und 2–3 Minuten pfannenrühren. Das Fleisch zugeben und 4–5 Minuten gleichmäßig braun anbraten.

3 Die Paprika zugeben und 3–4 Minuten mitbraten. Chili und Bohnensprossen zufügen und 2 Minuten mitbraten.

4 Zitronengras, Erdnussbutter, Kokosmilch, Essig, Sojasauce und Zucker verrühren und die Mischung in den Wok geben.

5 Unterdessen die Eiernudeln in kochendem, leicht gesalzenem Wasser gemäß Packungsanweisung garen. Gut abtropfen lassen, dann in den Wok geben und alles vermischen.

6 Mit Salz und Pfeffer abschmecken. Mit den restlichen Frühlingszwiebeln bestreuen und servieren.

Rindfleisch-Satay mit Erdnusssauce

Für 4 Personen

ZUTATEN

500 g Rinderfilet
2 Knoblauchzehen, zerdrückt
2-cm-Stück frische Ingwerwurzel, fein gerieben
1 EL Palmzucker
1 EL dunkle Sojasauce
1 EL Limettensaft
2 TL Sesamöl
1 TL gemahlener Koriander
1 TL Kurkuma
½ TL Chilipulver
gehackte Gurke und rote Paprika, zum Servieren

ERDNUSSSAUCE:
300 ml Kokosmilch
8 EL grobe Erdnussbutter
½ kleine Zwiebel, gerieben
2 TL Palmzucker
½ TL Chilipulver
1 EL dunkle Sojasauce

1 Das Fleisch in 1 cm große Würfel schneiden und in eine große Schüssel geben.

2 Knoblauch, Ingwer, Zucker, Sojasauce, Limettensaft, Sesamöl, Koriander, Kurkuma und Chilipulver zugeben. Das Fleisch gründlich mit den Gewürzen vermischen. Abdecken und im Kühlschrank mindestens 2 Stunden, besser über Nacht, marinieren.

3 Für die Sauce alle Zutaten in einen Topf geben und bei mittlerer Hitze unter Rühren zum Kochen bringen. Vom Herd nehmen und warm halten.

4 Die Fleischwürfel auf Bambusspieße schieben und unter dem Backofengrill oder auf dem Kohlegrill 3–5 Minuten goldbraun grillen. Dabei häufig wenden. Mit der Sauce, Gurken- und Paprikawürfeln servieren.

TIPP

Alternativ das zarte Rindfleisch bei starker Hitze anbraten, um Saft und Aroma zu versiegeln. In jedem Fall sollten sowohl Pfanne als auch Grill auf sehr hohe Temperatur vorgeheizt werden. Wenn Sie Holzspieße verwenden, weichen Sie diese in kaltem Wasser ein; so verbrennen sie nicht.

2

3

4

Filet mit Paprika & Zitronengras

Für 4 Personen

ZUTATEN

500 g mageres Rinderfilet
2 EL Öl
1 Knoblauchzehe, fein gehackt
1 Stängel Zitronengras, in feine Röllchen geschnitten
2,5-cm-Stück frische Ingwerwurzel, fein gehackt
je 1 rote und grüne Paprika, entkernt und in dicke Streifen geschnitten
1 Zwiebel, in dicke Ringe geschnitten
2 EL Limettensaft
Salz und Pfeffer
Nudeln oder Reis, zum Servieren

1 Das Fleisch quer zur Faser in lange, schmale Streifen schneiden.

2 Das Öl in einem Wok stark erhitzen. Den Knoblauch darin 1 Minute pfannenrühren.

3 Das Fleisch zugeben und 2–3 Minuten hellbraun anbraten. Zitronengras und Ingwer zugeben und den Wok vom Herd nehmen.

4 Das Fleisch aus dem Wok nehmen oder an die Seite schieben. Paprika und Zwiebel bei starker Hitze 2–3 Minuten bräunen.

5 Das Fleisch wieder in den Wok geben, den Limettensaft einrühren und mit Salz und Pfeffer abschmecken. Zu Nudeln oder Reis servieren.

TIPP

Wenn Sie Zitronengras verwenden, sollten Sie immer die äußeren Schichten entfernen, sie sind meist hart und faserig. Nur das zarte Innere hat den feinen Geschmack.

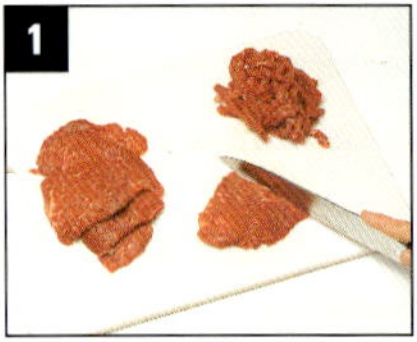

Rindfleisch mit Cashewkernen

Für 4 Personen

ZUTATEN

500 g mageres Rindfleisch, in Streifen geschnitten
1 TL Öl

MARINADE:
1 EL Sesamsaat
1 Knoblauchzehe, gehackt
1 EL frisch gehackte Ingwerwurzel
1 frische kleine rote Chili, gehackt
2 EL dunkle Sojasauce
1 TL rote Currypaste
1 TL Sesamöl
4 EL ungesalzene Cashewkerne
1 Frühlingszwiebel, schräg in dicke Ringe geschnitten
Gurkenscheiben, zum Garnieren

1 Das Fleisch in eine große Schüssel aus Glas oder Porzellan legen.

2 Für die Marinade die Sesamsaat ohne Fett in einer gusseisernen Pfanne bei mittlerer Hitze 2–3 Minuten goldbraun rösten, dabei die Pfanne gelegentlich rütteln.

3 Sesam mit Knoblauch, Ingwer und Chili im Mörser zu einer glatten Paste zerstoßen. Sojasauce und Currypaste zugeben und gut verrühren.

4 Die Marinade über das Fleisch geben und gut unterheben. Mit Frischhaltefolie abdecken und im Kühlschrank 2–3 Stunden oder über Nacht marinieren.

5 Eine gusseiserne Pfanne mit Öl einpinseln und stark erhitzen. Die Fleischstreifen hineingeben und unter häufigem Wenden rundum anbraten. Vom Herd nehmen und auf eine vorgewärmte Servierplatte geben.

6 Das Sesamöl in einer kleinen Pfanne erhitzen und die Cashewkerne rasch goldbraun anbraten. Die Frühlingszwiebel zugeben und 30 Sekunden mitbraten. Über das Rindfleisch geben, mit Gurkenscheiben garnieren und sofort servieren.

Scharfes Rindercurry mit Kokos

Für 4 Personen

ZUTATEN

- 400 ml Kokosmilch
- 2 EL thailändische rote Currypaste
- 2 Knoblauchzehen, zerdrückt
- 500 g mageres Rindfleisch
- 2 Kaffir-Limettenblätter, in Streifen geschnitten
- 3 EL Limettensaft
- 2 EL thailändische Fischsauce
- 1 große rote Chili, entkernt und in feine Streifen geschnitten
- ½ TL gemahlene Kurkuma
- ½ TL Salz
- 2 EL frisch gehackte Basilikumblätter
- 2 EL frisch gehackte Korianderblätter
- Pfeffer
- Kokosspäne, zum Garnieren
- gekochter Reis, zum Servieren

1 Die Kokosmilch in einem großen Topf zum Kochen bringen. Die Hitze reduzieren und die Milch 10 Minuten köcheln, bis sie eindickt. Rote Currypaste und Knoblauch einrühren und 5 Minuten köcheln.

2 Das Fleisch in 2 cm große Würfel schneiden, in den Topf geben und unter Rühren aufkochen. Die Hitze reduzieren. Kaffir-Limettenblätter, Limettensaft, Fischsauce, Chili, Kurkuma und Salz zugeben.

3 Die Mischung abgedeckt 20–25 Minuten köcheln, bis das Fleisch gar ist. Bei Bedarf noch etwas Wasser zugießen.

4 Basilikum und Koriander zugeben und mit Pfeffer abschmecken. Mit Kokosspänen bestreuen und zu gekochtem Reis servieren.

TIPP

Für dieses Rezept wird eine große, milde Chili verwendet, weil sie dem Gericht mehr Farbe gibt. Kleinere Chillies müssen sparsamer dosiert werden, weil sie wesentlich schärfer sind.

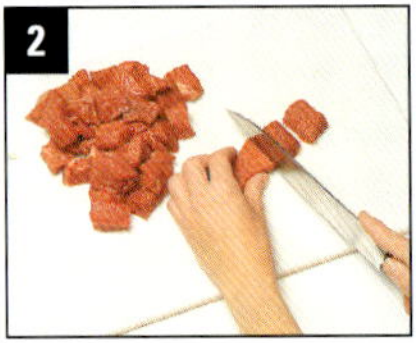

Gebratenes rotes Schweinefleisch

Für 4 Personen

ZUTATEN

600 g Schweinefilet
frische rote Chiliblüte (s. S. 150), zum Garnieren
Chinakohl, in feine Streifen geschnitten, zum Servieren

MARINADE:
2 Knoblauchzehen, zerdrückt
1 EL frisch geriebene Ingwerwurzel
1 EL helle Sojasauce
1 EL thailändische Fischsauce
1 EL Reiswein
1 EL Hoisin-Sauce
1 EL Sesamöl
1 EL Palmzucker oder brauner Zucker
½ TL Fünf-Gewürze-Pulver
etwas rote Lebensmittelfarbe (nach Geschmack)

1 Alle Zutaten für die Marinade vermischen und das Fleisch damit rundum bestreichen. In eine große Schüssel geben, abdecken und über Nacht im Kühlschrank marinieren.

2 Einen Bratrost auf die Fettpfanne setzen, dann die Fettpfanne zur Hälfte mit Wasser füllen. Das Fleisch aus der Marinade heben und auf den Rost legen. Die Marinade aufbewahren.

3 Den Backofen auf 220 °C vorheizen. Das Fleisch 20 Minuten darin garen. Mit der Marinade bestreichen, dann die Hitze auf 180 °C reduzieren und weitere 35–40 Minuten garen. Dabei gelegentlich mit der Marinade bestreichen. Das Fleisch soll leuchtend rot und gar sein.

4 Das Fleisch in Scheiben schneiden und auf einem Bett aus Chinakohl-Streifen anrichten. Mit einer kleinen Chiliblüte garnieren.

TIPP

Das Fleisch kann man auch grillen. Dazu das Fleisch in Scheiben oder Streifen schneiden, mit der Marinade bestreichen und auf einem mit Alufolie belegten Grillrost unter gelegentlichem Wenden und Bestreichen garen.

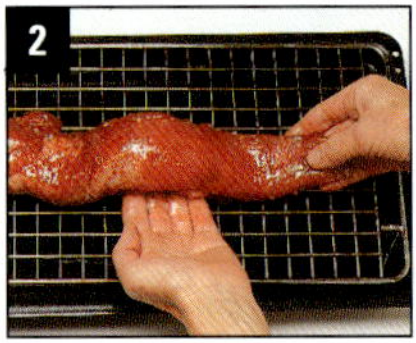

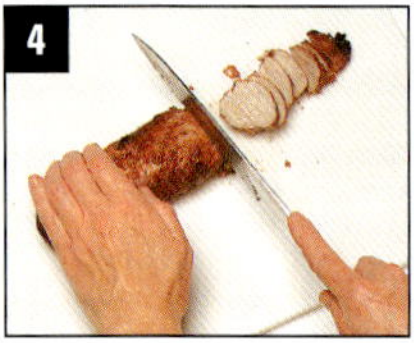

Filet mit Soja-Sesam-Glasur

Für 4 Personen

ZUTATEN

2 Schweinefilets, à ca. 250 g
2 EL dunkle Sojasauce
2 EL Honig
2 Knoblauchzehen, zerdrückt
1 EL Sesamsaat
1 Zwiebel, in dünne Ringe geschnitten
1 EL Mehl, mit Salz und Pfeffer gewürzt
Sonnenblumenöl, zum Braten
knackiger Salat, zum Servieren

1 Das Fleisch von Fett und Sehnen befreien und in eine große Schüssel aus Glas oder Porzellan legen.

2 Sojasauce, Honig und Knoblauch verrühren und das Fleisch mit der Mischung bestreichen.

3 Die Schweinefilets in einen Bräter oder eine flache, ofenfeste Form geben. Gleichmäßig mit Sesamsaat bestreuen.

4 Den Backofen auf 200 °C vorheizen. Das Fleisch 20 Minuten garen, dabei gelegentlich mit dem Saft begießen. Mit Alufolie abdecken, damit es nicht zu stark bräunt. Dann weitere 10–15 Minuten braten, bis es durchgegart ist.

5 Unterdessen die Zwiebelringe im Mehl wenden, überschüssiges Mehl abstreifen. Die Zwiebelringe unter häufigem Wenden goldbraun braten. Das Fleisch in Scheiben schneiden und sofort auf einem Salatbett mit den Zwiebelringen servieren.

TIPP

Dieses Gericht schmeckt auch kalt sehr gut. Es eignet sich bestens zum Picknick oder Buffet, am besten mit einem würzigen Sambal (s. S. 162) oder einer Chilisauce.

Schweinefleisch mit Mais

Für 4 Personen

ZUTATEN

2 EL Öl
500 g mageres Schweinefleisch, in dünne Streifen geschnitten
1 Knoblauchzehe, gehackt
350 g Maiskörner
200 g grüne Bohnen, in kurze Stücke geschnitten
2 Frühlingszwiebeln, gehackt
1 frische kleine rote Chili, gehackt
1 TL Zucker
1 EL helle Sojasauce
3 EL frisch gehackte Korianderblätter
Eiernudeln oder gekochter Reis, zum Servieren

1 Das Öl in einem Wok oder einer großen Pfanne erhitzen und das Fleisch bei starker Hitze rasch von allen Seiten rundum anbraten.

2 Knoblauch, Mais, Bohnen, Frühlingszwiebeln und Chili einrühren und 2–3 Minuten braten, bis das Gemüse weich wird.

3 Zucker und Sojasauce einrühren und 30 Sekunden kräftig braten.

4 Mit dem gehackten Koriander bestreuen und sofort zu Eiernudeln oder Reis servieren.

TIPP

In Thailand verwendet man für dieses Gericht asiatische Bohnen, hiesige grüne Bohnen sind aber auch gut geeignet. Wenn Sie im Asia-Shop asiatische Bohnen bekommen, sollten Sie sie probieren, da sie besonders knackig sind und schnell garen.

Würzige Hackfleischpfanne

Für 4 Personen

ZUTATEN

2 EL Sonnenblumenöl
2 Knoblauchzehen, fein gehackt
3 Schalotten, fein gehackt
2,5-cm-Stück frische Ingwerwurzel, fein gehackt
500 g mageres Schweinehack
2 EL thailändische Fischsauce
1 EL dunkle Sojasauce
1 EL thailändische rote Currypaste
4 getrocknete Kaffir-Limettenblätter, zerkrümelt
4 Cocktailtomaten, gehackt
3 EL frisch gehackte Korianderblätter
Salz und Pfeffer
gekochte Eiernudeln, zum Servieren
frische Korianderblätter, zum Garnieren

1 Das Öl im Wok erhitzen. Knoblauch, Schalotten und Ingwer darin 2 Minuten pfannenrühren. Das Hackfleisch zugeben und unter Rühren goldbraun braten.

2 Fischsauce, Sojasauce, Currypaste und Kaffir-Limettenblätter einrühren und weitere 1–2 Minuten bei starker Hitze braten.

3 Die gehackten Tomaten zugeben und unter gelegentlichem Rühren 5–6 Minuten braten.

4 Den Koriander einrühren, mit Salz und Pfeffer abschmecken. Auf einem Bett aus dünnen Eiernudeln servieren, mit Korianderblättern garnieren.

TIPP

Getrocknete Kaffir-Limettenblätter sollten Sie vorrätig haben. Sie lassen sich leicht zum Würzen von Gerichten zerkrümeln. Frische Blätter werden in feine Streifen geschnitten und an das Gericht gegeben.

Thai-Klößchen

Für 4 Personen

ZUTATEN

400 g mageres Schweinehack
4 EL gekochter Reis
1 Knoblauchzehe, zerdrückt
1 TL thailändische rote Currypaste
1 TL Pfeffer
1 TL gemahlener Koriander
½ TL Salz
3 EL Limettensaft
2 EL frisch gehackte Korianderblätter
3 EL Erdnussöl
Kokos-Sambal (s. S. 162) oder Sojasauce, zum Servieren

1 Fleisch, Reis, Knoblauch, Currypaste, Pfeffer, gemahlenen Koriander, Salz, Limettensaft und frischen Koriander in einer Schüssel mit den Händen zu einem glatten Teig verkneten.

2 Aus der Masse 12 kleine Klößchen formen. Alternativ in Wurstsaitling füllen und in regelmäßigen Abständen abdrehen.

3 Das Öl in einer großen Pfanne auf mittlerer Stufe erhitzen. Die Klößchen portionsweise 8–10 Minuten unter gelegentlichem Wenden rundum goldbraun braten. Heiß mit Kokos-Sambal oder Sojasauce servieren.

TIPP

Diese Klößchen sind auch eine ideale Vorspeise. Formen Sie dafür etwa 16 Stücke in mundgerechter Größe und servieren Sie sie mit einem Sojadip.

Thai-Burger

Für 4 Personen

ZUTATEN

1 kleiner Stängel Zitronengras
1 frische rote Chili, entkernt
2 Knoblauchzehen, geschält
2 Frühlingszwiebeln
200 g Pilze mit geschlossenen Hüten
400 g Schweinehack
1 EL thailändische Fischsauce
3 EL frisch gehackter Koriander
Salz und Pfeffer
Sonnenblumenöl, zum Braten
2 EL Mayonnaise
1 EL Limettensaft

ZUM SERVIEREN:
4 Hamburger-Brötchen mit Sesam
Chinakohl, in Streifen geschnitten

1 Zitronengras, Chili, Knoblauch und Frühlingszwiebeln im Mixer zu einer glatten Paste pürieren.

2 Die Pilze zugeben und mixen, bis sie fein gehackt und gut untergemischt sind.

3 Hackfleisch, Fischsauce und Koriander zugeben. Mit Salz und Pfeffer würzen. Dann aus der Mischung mit bemehlten Händen 4 gleichmäßig flache Burger formen.

4 Das Öl bei mittlerer Hitze in einer Pfanne erwärmen. Die Burger darin von jeder Seite 6–8 Minuten braten.

5 Unterdessen Mayonnaise und Limettensaft verrühren. Die Brötchen aufschneiden, mit der Limettenmayonnaise bestreichen. Mit Chinakohlstreifen belegen, darauf die Burger setzen und zusammenklappen. Heiß servieren.

TIPP

Geben Sie zur Abwechslung einen Löffel Relish oder eingelegtes Gemüse auf die Burger *(s. S. 160)*.

Rotes Lammcurry

Für 4 Personen

ZUTATEN

500 g magere Lammkeule ohne Knochen
2 EL Öl
1 große Zwiebel, in Ringen
2 Knoblauchzehen, zerdrückt
2 EL thailändische rote Currypaste
150 ml Kokosmilch
1 EL Palmzucker
1 große rote Paprika, in breite Streifen geschnitten
120 ml Lamm- oder Rinderbrühe
1 EL thailändische Fischsauce
2 EL Limettensaft
220 g Wasserkastanien aus der Dose, abgetropft
2 EL frisch gehackte Korianderblätter
2 EL frisch gehackte Basilikumblätter
Salz und Pfeffer
frisches Basilikum, zum Garnieren
Jasminreis, zum Servieren

1 Das Fleisch von Fett und Sehnen befreien, in 3 cm große Würfel schneiden. Das Öl in einem Wok oder einer großen Pfanne stark erhitzen. Zwiebel und Knoblauch zugeben und 2–3 Minuten weich dünsten. Das Fleisch zugeben und unter Rühren rundum braun anbraten.

2 Die Currypaste einrühren, einige Minuten mitkochen. Dann Kokosmilch und Zucker zugeben und zum Kochen bringen. Die Hitze reduzieren und unter gelegentlichem Rühren 15 Minuten köcheln.

3 Paprika, Brühe, Fischsauce und Limettensaft zugeben und abgedeckt 15 Minuten köcheln, bis das Fleisch gar ist.

4 Wasserkastanien, Koriander und Basilikum zugeben, mit Salz und Pfeffer abschmecken. Mit frischen Basilikumblättern garnieren. Das Curry heiß zu gekochtem Jasminreis servieren.

TIPP

Das Curry kann auch mit einer anderen dunklen Fleischsorte zubereitet werden. Probieren Sie Entenbrust oder Rindfleisch.

Hähnchen mit Ingwer & Limette

Für 4 Personen

ZUTATEN

3-cm-Stück frische Ingwerwurzel, fein gehackt
2 Knoblauchzehen, fein gehackt
1 Stängel Zitronengras, gehackt
1 kleine Zwiebel, fein gehackt
½ TL Salz
1 TL schwarze Pfefferkörner
1 Hähnchen à ca. 1,5 kg
1 EL Kokoscreme
2 EL Limettensaft
2 EL Honig
1 TL Speisestärke
2 TL Wasser
pfannengerührtes Gemüse, zum Servieren

1 Ingwer, Knoblauch, Zitronengras, Zwiebel, Salz und Pfefferkörner im Mörser zerstoßen und gründlich zu einer glatten Paste verarbeiten.

2 Ein ganzes Hähnchen mit der Geflügelschere zerteilen, die Teile rundum mit der Paste bestreichen. Auch unter die Haut der Brust Paste streichen. Abdecken und mehrere Stunden, besser über Nacht, marinieren.

3 Kokoscreme, Limettensaft und Honig in einem kleinen Topf erhitzen und glatt rühren. Etwas von der Mischung auf dem Fleisch verteilen.

4 Den Backofen auf 180 °C vorheizen. Die Hähnchenteile auf den Rost einer Fettpfanne setzen, die zur Hälfte mit Wasser gefüllt ist. 1 Stunde im Backofen garen, bis das Fleisch goldbraun ist. Dabei gelegentlich mit der Limetten-Honig-Mischung bestreichen.

5 Wenn das Fleisch gar ist, die Flüssigkeit aus der Fettpfanne auf 100 ml einkochen. Speisestärke und Wasser glatt rühren und in die kochende Flüssigkeit geben. Kurz aufkochen, dann köcheln, bis die Sauce eindickt und klar wird. Das Fleisch mit der Sauce zu pfannengerührtem Gemüse servieren.

1

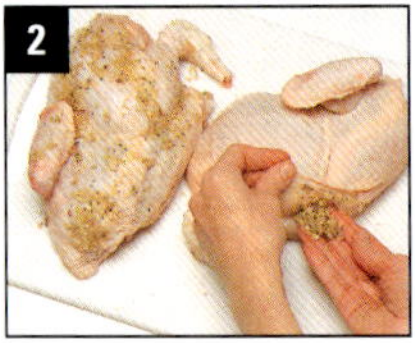
2

5

Hähnchenpfanne mit Mango

Für 4 Personen

ZUTATEN

6 Hähnchenkeulen ohne Haut und Knochen
2,5-cm-Stück frische Ingwerwurzel, gerieben
1 Knoblauchzehe, zerdrückt
1 frische kleine rote Chili, entkernt
1 große rote Paprika
4 Frühlingszwiebeln
200 g Zuckererbsen
100 g Babymaiskolben
1 feste große reife Mango
2 EL Sonnenblumenöl
1 EL helle Sojasauce
3 EL Reiswein oder Sherry
1 TL Sesamöl
Salz und Pfeffer
Schnittlauchröllchen, zum Garnieren

1 Das Fleisch in lange, schmale Streifen schneiden und in eine Schüssel geben. Ingwer, Knoblauch und Chili verrühren, dann über das Fleisch geben und alles gründlich vermengen.

2 Die Paprika schräg in schmale Streifen schneiden. Die Frühlingszwiebeln putzen und schräg in Ringe schneiden. Zuckererbsen und Maiskolben schräg halbieren. Die Mango schälen und das Fruchtfleisch in dünnen Scheiben vom Stein abschneiden.

3 Das Öl in einem Wok oder einer großen Pfanne stark erhitzen. Das Fleisch zugeben und 4–5 Minuten von allen Seiten hellbraun anbraten.

4 Die Paprika zugeben und bei mittlerer Hitze 4–5 Minuten weich dünsten.

5 Frühlingszwiebeln, Zuckererbsen und Babymaiskolben zugeben und 1 Minute mitbraten.

6 Sojasauce, Reiswein und Sesamöl verrühren und in den Wok geben. Die Mango zufügen und 1 Minute mitbraten, bis sie heiß ist.

7 Alles mit Salz und Pfeffer abschmecken, mit Schnittlauchröllchen garnieren und sofort servieren.

Korianderhähnchen

Für 4 Personen

ZUTATEN

4 Hähnchenbrustfilets
2 Knoblauchzehen, geschält
1 frische grüne Chili, entkernt
2-cm-Stück frische Ingwerwurzel
4 EL frisch gehackte Korianderblätter
abgeriebene Schale von 1 Limette
3 EL Limettensaft
2 EL helle Sojasauce
1 EL Zucker
180 ml Kokosmilch
Gurken und Radieschen, in Scheiben, zum Garnieren
gekochter Reis, zum Servieren

1 Mit einem scharfen Messer in die Oberseite der Hähnchenbrustfilets je drei Einschnitte machen. Die Hähnchenbrustfilets nebeneinander in eine flache Schale aus Glas oder Porzellan legen.

2 Knoblauch, Chili, Ingwer, gehackten Koriander, Limettenschale und -saft, Sojasauce, Zucker und Kokosmilch zu einer glatten Paste pürieren.

3 Die Hähnchenbrustfilets von beiden Seiten mit dem Püree bestreichen. Die Schale mit Frischhaltefolie abdecken und für mindestens 1 Stunde in den Kühlschrank stellen.

4 Das Fleisch aus der Marinade nehmen, abtropfen lassen und in eine Grillpfanne legen. Unter dem vorgeheizten Grill auf mittlerer Schiene 12–15 Minuten garen.

5 Inzwischen die restliche Marinade in einem Topf zum Kochen bringen. Die Hitze reduzieren und einige Minuten köcheln, um die Sauce gut durchzuwärmen. Die Hähnchenbrustfilets mit der Sauce anrichten, mit Gurken- und Radieschenscheiben zu Reis servieren.

3

4

5

Grünes Hähnchencurry

Für 4 Personen

ZUTATEN

6 Hähnchenkeulen ohne Haut und Knochen
400 ml Kokosmilch
2 Knoblauchzehen, zerdrückt
2 EL thailändische Fischsauce
2 EL grüne Currypaste
12 Mini-Auberginen (Thai-Auberginen)
3 frische grüne Chillies, fein gehackt
3 Kaffir-Limettenblätter, in Streifen geschnitten
Salz und Pfeffer
4 EL frisch gehackte Korianderblätter
gekochter Reis, zum Servieren

1 Das Fleisch in mundgerechte Stücke schneiden. Die Kokosmilch in einen Wok oder großen Topf gießen und bei starker Hitze aufkochen.

2 Fleisch, Knoblauch und Fischsauce zugeben und wieder aufkochen. Die Hitze reduzieren und 30 Minuten köcheln, bis das Fleisch gerade gar ist.

3 Das Fleisch mit einem Schaumlöffel aus der Sauce nehmen, beiseite stellen und warm halten.

4 Die grüne Currypaste unter die Sauce rühren. Auberginen, Chillies und Kaffir-Limettenblätter zufügen und 5 Minuten köcheln.

5 Das Fleisch wieder in den Topf geben und alles zum Kochen bringen. Mit Salz und Pfeffer abschmecken, dann den Koriander einrühren. Das Curry heiß zu gekochtem Reis servieren.

TIPP

Traditionell verwendet man für dieses Gericht Mini-Auberginen, die hier jedoch kaum erhältlich sind. Falls Sie sie im Asia-Shop nicht bekommen, nehmen Sie stattdessen normale Auberginen oder auch grüne Erbsen.

2

4

5

Hähnchen mit Knoblauch

Für 4 Personen

ZUTATEN

4 Knoblauchzehen, gehackt
4 Schalotten, gehackt
2 frische kleine rote Chillies, entkernt und gehackt
1 Stängel Zitronengras, fein gehackt
1 EL frisch gehackte Korianderblätter
1 TL Krabbenpaste
½ TL gemahlener Zimt
1 EL Tamarindenpaste
2 EL Öl
8 kleine Hähnchenteile, z. B. Flügel oder Unterkeulen
300 ml Hühnerbrühe
1 EL thailändische Fischsauce
1 EL Erdnussbutter
Salz und Pfeffer
4 EL geröstete Erdnüsse, gehackt

ZUM SERVIEREN:
pfannengerührtes Gemüse
gekochte Nudeln

1 Knoblauch, Schalotten, Chillies, Zitronengras, Koriander und Krabbenpaste im Mörser zu einer glatten Paste zerstoßen. Gemahlenen Zimt und Tamarindenpaste zugeben und unterrühren.

2 Das Öl in einem Wok oder einer großen Pfanne erhitzen. Die Hähnchenteile zugeben und unter häufigem Wenden rundum braun anbraten. Aus dem Wok nehmen und warm halten. Das Fett aus dem Wok abgießen.

3 Die Gewürzpaste in die Pfanne oder den Wok geben und bei mittlerer Hitze leicht anbraten. Die Hühnerbrühe einrühren und das Fleisch wieder in den Wok geben.

4 Zum Kochen bringen, dann gut abdecken und bei schwacher Hitze 25–30 Minuten köcheln, bis das Fleisch gar ist. Dabei gelegentlich rühren. Fischsauce und Erdnussbutter einrühren und weitere 10 Minuten köcheln.

5 Mit Salz und Pfeffer abschmecken, dann mit den gerösteten Erdnüssen bestreuen. Heiß zu einer bunten Gemüsemischung und gekochten Nudeln servieren.

Entenbrust mit Chili & Limette

Für 4 Personen

ZUTATEN

4 Entenbrüste, entbeint
2 Knoblauchzehen, zerdrückt
4 TL Palmzucker
3 EL Limettensaft
1 EL Sojasauce
1 TL Chilisauce
1 TL Öl
2 EL Pflaumenmus
120 ml Hühnerbrühe
Salz und Pfeffer

1 Mit einem kleinen scharfen Messer die Haut der Entenbrust rautenförmig einschneiden. Die Entenbrüste nebeneinander in eine flache Schale aus Glas oder Porzellan legen.

2 Knoblauch, Zucker, Limettensaft, Soja- und Chilisauce in einer kleinen Schüssel verrühren, dann die Entenbrüste gleichmäßig mit der Mischung bestreichen.

3 Die Schale mit Frischhaltefolie abdecken und 3 Stunden, besser über Nacht, im Kühlschrank marinieren.

4 Die Marinade abgießen und auffangen. Eine große Pfanne erhitzen, dann mit etwas Öl einpinseln. Das Fleisch mit der Haut nach unten hineinlegen und 5 Minuten braten, bis die Haut braun und knusprig ist. Das Fett abgießen, die Entenbrüste wenden.

5 Die andere Seite 2–3 Minuten bräunen. Die aufgefangene Marinade mit Pflaumenmus und Hühnerbrühe verrühren und zugießen. 2 Minuten köcheln. Mit Salz und Pfeffer abschmecken. Das Fleisch heiß mit dem Bratensaft servieren.

TIPP

Wer auf eine fettarme Ernährung achtet, entfernt die Haut vor der Zubereitung. Dann die Garzeit leicht reduzieren.

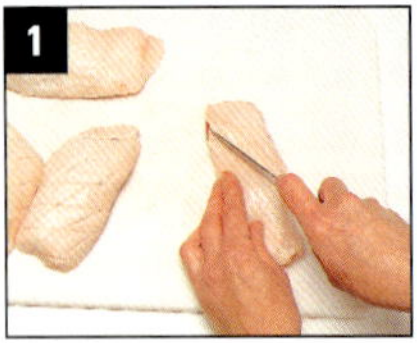

Gebratene Ente mit Ananas-Kokos-Curry

Für 4 Personen

ZUTATEN

1,6 kg Ente
Salz und Pfeffer
2 EL Erdnussöl
1 kleine Ananas
1 große Zwiebel, gehackt
1 Knoblauchzehe, fein gehackt
1 TL frisch gehackte Ingwerwurzel
½ TL gemahlener Koriander
1 EL thailändische grüne Currypaste
1 TL Palmzucker
450 ml Kokosmilch
gekochter Jasminreis, zum Servieren

GARNIERUNG:
frisch gehackte Korianderblätter
frische rote Chillies, in Streifen

1 Mit einem scharfen Messer die Ente längs halbieren, dabei auch das Brustbein durchtrennen. Das Fleisch von allen Seiten mit Küchenpapier abtupfen. Mit Salz und Pfeffer einreiben, die Haut mit einer Gabel einstechen und mit Öl einpinseln.

2 Die Entenhälften mit der Schnittseite nach unten in eine Grillpfanne legen und unter dem vorgeheizten Grill 25–30 Minuten garen, bis sie goldbraun sind. Dabei ab und zu wenden. Das Fett regelmäßig aus der Grillpfanne abgießen, es kann Feuer fangen.

3 Die Ententeile abkühlen lassen, dann jedes Stück halbieren. Die Ananas schälen, das harte Innere entfernen. Das Fruchtfleisch in Würfel schneiden.

4 Das restliche Öl in einer gusseisernen Pfanne erhitzen. Zwiebel und Knoblauch darin 3–4 Minuten bei geringer Hitze weich dünsten. Ingwer, Koriander, Currypaste und Zucker zugeben und 1 Minute köcheln.

5 Die Kokosmilch einrühren und aufkochen. Entenstücke und Ananas zugeben. Die Hitze reduzieren und 5 Minuten köcheln. Mit Salz und Pfeffer abschmecken. Mit gehacktem Koriander und Chilistreifen bestreuen und sofort zu Jasminreis servieren.

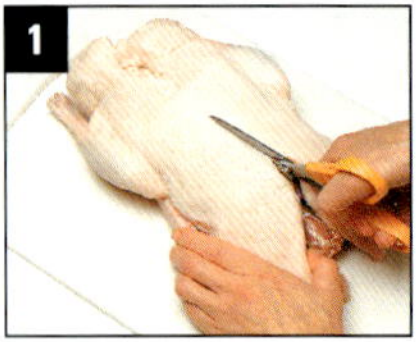

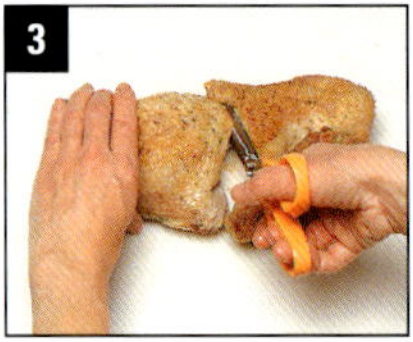

Gedämpftes gelbes Fischfilet

Für 4 Personen

ZUTATEN

500 g festes Fischfilet,
z. B. Seezunge, Rotbarsch oder Seelachs
1 getrocknete kleine rote Chili
1 kleine Zwiebel, gehackt
3 Knoblauchzehen, gehackt
2 frische Korianderzweige
1 TL Koriandersamen
½ TL gemahlene Kurkuma
½ TL Pfeffer
1 EL thailändische Fischsauce
2 EL Kokosmilch
1 kleines Ei, leicht verquirlt
2 EL Reismehl
frische rote und grüne Chilistreifen, zum Garnieren
Sojasauce, zum Servieren

1 Vom Fisch die Haut entfernen, dann die Filets schräg in 2 cm breite Streifen schneiden.

2 Chili, Zwiebel, Knoblauch, Koriander und Koriandersamen im Mörser gründlich zu einer glatten Paste verarbeiten.

3 Kurkuma, Pfeffer, Fischsauce, Kokosmilch und Ei zugeben und alles sorgfältig verrühren.

4 Die Fischstücke in der Paste wenden, dann in Reismehl wälzen, bis sie gleichmäßig bedeckt sind.

5 Wasser im unteren Teil eines Dämpfers zum Kochen bringen. Die Fischstücke in den oberen Teil des Dämpfers legen. Abgedeckt 12–15 Minuten dämpfen, bis der Fisch gerade gar ist.

6 Den Fisch mit roten und grünen Chilistreifen garnieren und servieren. Die Sojasauce dazu reichen.

TIPP

Anstelle eines Dämpfers können Sie auch einen Durchschlag aus Metall auf einen Topf mit kochendem Wasser setzen. Den Fisch dabei mit einem Teller abdecken.

Gebackener Fisch mit Paprika, Chili & Basilikum

Für 4 Personen

ZUTATEN

1 Hand voll frische Basilikumblätter
750 g küchenfertiger Fisch, z. B. Schnapper, Barsch
2 EL Erdnussöl
2 EL thailändische Fischsauce
2 Knoblauchzehen, zerdrückt
1 TL fein geriebene Galgant- oder Ingwerwurzel
2 rote Chillies, in Ringen
1 gelbe Paprika, entkernt und gewürfelt
1 EL Palmzucker
1 EL Reisessig
2 EL Wasser oder Fischfond
2 Tomaten, entkernt und in Scheiben geschnitten

1 Einige Basilikumblätter zum Garnieren beiseite legen, den Rest in den Fisch schieben.

2 Den Backofen auf 190 °C vorheizen. In einer großen Pfanne 1 Esslöffel Öl erhitzen und den Fisch rasch anbraten, einmal wenden. Den Fisch auf ein großes Stück Alufolie legen und mit der Fischsauce beträufeln. Die Folie locker zufalten und den Fisch 25–30 Minuten im Backofen backen, bis er gerade gar ist.

3 Unterdessen das restliche Öl erhitzen. Knoblauch, Galgant oder Ingwer und Chillies 30 Sekunden darin anbraten. Die Paprika zugeben und weitere 2–3 Minuten mitbraten.

4 Zucker, Reisessig und Wasser oder Fischfond zugeben, dann die Tomaten zufügen. Kurz aufkochen und vom Herd nehmen.

5 Den Fisch aus dem Ofen nehmen und auf eine vorgewärmte Servierplatte legen. Den Bratensaft zur Sauce geben. Den Fisch mit der Sauce übergießen, mit Basilikumblättern garnieren und sofort servieren.

TIPP

Große rote Chillies sind milder als die kleinen, man kann sie darum großzügiger dosieren. Wenn Sie es eher mild mögen, entfernen Sie vor der Zubereitung die Samen.

Kabeljau mit Currykruste

Für 4 Personen

ZUTATEN

½ TL Sesamöl
4 Kabeljaufilets à ca. 150 g
100 g frische Semmelbrösel
2 EL blanchierte Mandeln, gehackt
2 TL thailändische grüne Currypaste
abgeriebene Schale von ½ Limette
Salz und Pfeffer
Limettenscheiben und -zesten, zum Garnieren
grüner Salat und gekochte neue Kartoffeln, zum Servieren

1 Den Boden einer Auflaufform mit Sesamöl bestreichen. Die Fischfilets nebeneinander in der Auflaufform auslegen.

2 Semmelbrösel, Mandeln, Currypaste und Limettenschale in einer Schüssel gut verrühren. Mit Salz und Pfeffer würzen.

3 Den Backofen auf 200 °C vorheizen. Die Currymischung auf den Fisch streichen und leicht andrücken.

4 Den Fisch in den Backofen schieben und 35–40 Minuten backen, bis er gar und die Currykruste knusprig und goldbraun ist.

5 Mit Limettenscheiben und -zesten garnieren und zu grünem Salat und neuen Kartoffeln servieren.

TIPP

Als Garprobe eine Gabel an der dicksten Stelle in den Fisch stechen. Er ist fertig, wenn das Fleisch weiß ist und zerfällt.

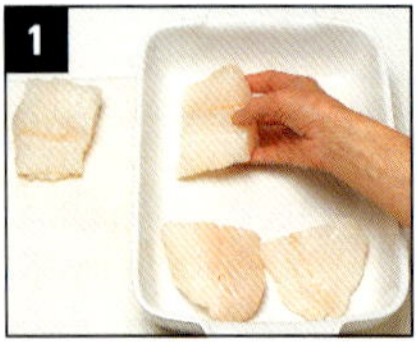

Gebratener Fisch mit Sojasauce & Ingwer

Für 4–6 Personen

ZUTATEN

6 getrocknete Shiitake-Pilze
3 EL Reisessig
2 EL Palmzucker
3 EL dunkle Sojasauce
7,5-cm-Stück frische Ingwerwurzel, fein gehackt
4 Frühlingszwiebeln, in Ringen
2 TL Speisestärke
2 EL Limettensaft
1 küchenfertiger Seebarsch, 1 kg
Salz und Pfeffer
4 EL Mehl
Sonnenblumenöl, zum Frittieren
1 Radieschen, aufgeschnitten, zum Garnieren

ZUM SERVIEREN:
in Streifen geschnittener Chinakohl
Radieschenscheiben

1 Die Pilze in heißem Wasser 10 Minuten einweichen. Abgießen, dabei von der Flüssigkeit 100 ml auffangen. Die Pilze in dünne Scheiben schneiden.

2 Die aufgefangene Einweichflüssigkeit mit Reisessig, Zucker und Sojasauce verrühren. Mit den Pilzen in einen Topf geben und aufkochen. Die Hitze reduzieren und 3–4 Minuten köcheln.

3 Ingwer und Frühlingszwiebeln zugeben und 1 Minute köcheln. Die Speisestärke mit dem Limettensaft glatt rühren, in den Topf geben und unter Rühren 1–2 Minuten kochen, bis die Sauce eindickt und klar wird. Die Sauce warm stellen.

4 Den Fisch innen und außen mit Salz und Pfeffer einreiben. Leicht mit Mehl bestäuben, überschüssiges Mehl abklopfen.

5 In einer hohen, weiten Pfanne 2,5 cm Öl auf 180 °C erhitzen, bis ein Brotwürfel in 30 Sekunden braun ist. Den Fisch vorsichtig in das Öl legen und von einer Seite 3–4 Minuten goldbraun braten. Mit 2 Bratenwendern aus Metall wenden, dann die andere Seite 3–4 Minuten goldbraun braten.

6 Den Fisch aus der Pfanne nehmen, das Öl abtropfen lassen. Auf eine Servierplatte legen. Die Sauce zum Kochen bringen und über den Fisch gießen. Mit Chinakohlstreifen und Radieschenscheiben anrichten und sofort servieren.

Pfeffriger Thunfisch in süß-saurer Sauce

Für 4 Personen

ZUTATEN

4 frische Thunfischsteaks, à ca. 125 g
1/4 TL Pfeffer
2 EL Erdnussöl
1 Zwiebel, gewürfelt
1 kleine gelbe Paprika, entkernt und in Stifte geschnitten
1 Knoblauchzehe, zerdrückt
1/2 Gurke, entkernt und in Stifte geschnitten
2 Scheiben Ananas, gewürfelt
1 TL frisch gehackte Ingwerwurzel
1 EL Palmzucker
1 EL Speisestärke
4 1/2 TL Limettensaft
1 EL thailändische Fischsauce
250 ml Fischfond

GARNIERUNG:
Limettenscheiben
Gurkenscheiben

1 Die Thunfischsteaks von beiden Seiten mit Pfeffer bestreuen. Eine Pfanne erhitzen und mit etwas Öl einpinseln. Die Thunfischsteaks in die Pfanne geben und etwa 8 Minuten braten, zwischendurch wenden.

2 Das restliche Öl in einer zweiten Pfanne erhitzen. Zwiebel, Paprika und Knoblauch bei geringer Hitze 3–4 Minuten weich dünsten.

3 Die Pfanne vom Herd nehmen. Gurke, Ananas, Ingwer und Zucker einrühren.

4 Die Speisestärke mit Limettensaft und Fischsauce zu einer glatten Paste verrühren. Dann den Fond einrühren und alles in die Pfanne geben. Bei mittlerer Hitze unter Rühren aufkochen, dann 1–2 Minuten köcheln, bis die Sauce eindickt und klar wird.

5 Die Sauce über den Fisch gießen und mit Limetten- und Gurkenscheiben garnieren.

TIPP

Thunfisch nicht zu lange braten – er wird sehr leicht trocken.

Lachs auf thailändische Art

Für 4 Personen

ZUTATEN

2,5-cm-Stück frische Ingwerwurzel, gerieben
1 TL Koriandersamen, zerdrückt
¼ TL Chilipulver
1 EL Limettensaft
1 TL Sesamöl
4 Stücke Lachsfilet mit Haut, à ca. 150 g
2 EL Öl
gekochter Reis und pfannengerührtes Gemüse, zum Servieren

1 Ingwer, Koriander, Chilipulver, Limettensaft und Sesamöl verrühren.

2 Den Fisch mit der Haut nach unten in eine große Schale aus Glas oder Porzellan legen. Die Mischung auf der Fleischseite gleichmäßig verteilen.

3 Die Schale mit Frischhaltefolie abdecken und etwa 30 Minuten im Kühlschrank marinieren.

4 Eine große schwere Pfanne stark erhitzen und mit dem Öl einpinseln. Den Fisch vorsichtig mit der Haut nach unten in die vorerhitzte Pfanne legen.

5 Den Fisch 4–5 Minuten braten, bis er von unten knusprig braun ist und das Fleisch locker zerfällt. Nicht wenden. Sofort zu gekochtem Reis und pfannengerührtem Gemüse servieren.

TIPP

Verwenden Sie unbedingt eine Pfanne mit guter Wärmeleitfähigkeit, damit der Fisch gleichmäßig gart. Sind die Stücke sehr dick, sollten Sie sie wenden und ebenfalls von der Fleischseite 2–3 Minuten braten.

Lachs mit rotem Curry in Bananenblättern

Für 4 Personen

ZUTATEN

2 Bananenblätter, halbiert
4 Lachssteaks, à ca. 175 g
1 Knoblauchzehe, zerdrückt
1 TL frisch geriebene Ingwerwurzel
1 EL thailändische rote Currypaste
1 TL Palmzucker
1 EL thailändische Fischsauce
2 EL Limettensaft

GARNIERUNG:
Limettenspalten
frische rote Chili, fein gehackt

1 In die Mitte jedes halbierten Bananenblattes ein Lachssteak legen.

2 Knoblauch, Ingwer, Currypaste, Zucker und Fischsauce vermischen. Die Mischung auf die Lachssteaks streichen, dann mit Limettensaft beträufeln.

3 Den Fisch in die Bananenblätter wickeln. Die Ränder einschlagen, sodass glatte Päckchen entstehen.

4 Den Backofen auf 220 °C vorheizen. Die Päckchen mit der Nahtseite nach unten auf ein Backblech legen und 15–20 Minuten backen, bis der Fisch gar ist und die Bananenblätter braun werden. Mit Limettenspalten und gehackter Chili garnieren und sofort servieren.

TIPP

Frische Bananenblätter werden häufig abgepackt verkauft. Reste können Sie etwa 1 Woche im Kühlschrank aufbewahren.

1

2

3

Scharfe Meeresfrüchte-Pfanne

Für 4 Personen

ZUTATEN

200 g küchenfertiger Tintenfisch
500 g helles Fischfilet, z. B. Heilbutt oder Seelachs
1 EL Sonnenblumenöl
4 Schalotten, fein gehackt
2 Knoblauchzehen, fein gehackt
2 EL thailändische grüne Currypaste
2 kleine Stängel Zitronengras, fein gehackt
1 TL Krabbenpaste
500 ml Kokosmilch
200 g Garnelen, geschält und geputzt
12 frische Venusmuscheln in der Schale, geputzt
8 frische Basilikumblätter, in feine Streifen geschnitten
frische Basilikumblätter, zum Garnieren
gekochter Reis, zum Servieren

1 Den Tintenfisch in Ringe, das Fischfilet in mundgerechte Stücke schneiden.

2 Das Öl in einem Wok oder einer großen Pfanne erhitzen und Schalotten, Knoblauch und Currypaste 1–2 Minuten anbraten. Zitronengras und Krabbenpaste zugeben, die Kokosmilch einrühren und alles aufkochen.

3 Die Hitze reduzieren, bis die Flüssigkeit nur noch köchelt. Fisch, Tintenfisch und Garnelen zugeben und 2 Minuten leicht köcheln.

4 Die Muscheln zugeben und 1 Minute mitkochen, bis sich die Schalen öffnen. Alle geschlossenen Muscheln aussortieren.

5 Das in Streifen geschnittene Basilikum über das Gericht streuen. Mit ganzen Basilikumblättern garnieren und sofort zu gekochtem Reis servieren.

TIPP

Anstelle der Venusmuscheln können Sie Miesmuscheln verwenden. Sie werden in Schritt 4 zugegeben.

1

3

4

Gebratener Tintenfisch mit schwarzer Bohnensauce

Für 4 Personen

ZUTATEN

750 g küchenfertiger Tintenfisch
1 große rote Paprika, entkernt
100 g Zuckererbsen, geputzt
1 Kopf Pak Choi
3 EL schwarze Bohnensauce
1 EL thailändische Fischsauce
1 EL Reiswein
1 EL dunkle Sojasauce
1 TL Palmzucker
1 TL Speisestärke
1 EL Wasser
1 EL Sonnenblumenöl
1 TL Sesamöl
1 frische kleine rote Chili, gehackt
1 Knoblauchzehe, fein gehackt
1 TL frisch geriebene Ingwerwurzel
2 Frühlingszwiebeln, gehackt

1 Die Tentakeln von den Tintenfischen abschneiden und anderweitig verwenden. Die Mäntel längs vierteln. Mit der Spitze eines scharfen Messers die Stücke kreuzweise einritzen, aber nicht durchschneiden. Mit Küchenpapier abtupfen.

2 Die Paprika in lange, schmale Streifen schneiden. Die Zuckererbsen schräg halbieren. Den Pak Choi grob hacken.

3 Bohnensauce, Fischsauce, Reiswein, Sojasauce und Zucker mischen. Die Speisestärke mit Wasser glatt rühren, zugeben und alles vermischen.

4 Beide Ölsorten zusammen im Wok erhitzen. Chili, Knoblauch, Ingwer und Frühlingszwiebeln zugeben und 1 Minute anbraten. Die Paprika zugeben und 2 Minuten mitbraten.

5 Den Tintenfisch zugeben und bei starker Hitze 1 Minute braten. Zuckererbsen und Pak Choi zugeben und 1 weitere Minute braten, bis das Gemüse weich wird.

6 Die Sauce zugießen und unter Rühren 2 Minuten kochen, bis sie eindickt und klar wird. Sofort servieren.

Muscheln mit Limette & Chili

Für 4 Personen

ZUTATEN

16 große Jakobsmuscheln
1 EL Butter
1 EL Öl
1 TL zerdrückter Knoblauch
1 TL frisch geriebene Ingwerwurzel
1 Bund Frühlingszwiebeln, in feine Ringe geschnitten
abgeriebene Schale von 1 Limette
1 frische kleine rote Chili, entkernt und fein gehackt
3 EL Limettensaft
Salz und Pfeffer
Limettenspalten und gekochter Reis, zum Servieren

1 Die Muscheln putzen, die Innereien entfernen. Dann waschen und mit Küchenpapier abtupfen. Den Rogen vom hellen Fleisch trennen. Das weiße Fleisch jeweils waagerecht halbieren.

2 Butter und Öl in einem Wok oder großen Topf erhitzen. Knoblauch und Ingwer zugeben und 1 Minute andünsten. Die Frühlingszwiebeln zugeben und 1 Minute dünsten.

3 Die Muscheln zugeben und bei starker Hitze 4–5 Minuten unter Rühren braten. Limettenschale, Chili und Limettensaft zugeben und 1 Minute mitkochen.

4 Die Muscheln mit dem heißen Kochsud übergießen, kräftig mit Salz und Pfeffer abschmecken und zu Reis und Limettenspalten servieren.

TIPP

Statt frischer Muscheln können Sie gefrorene verwenden, die aber vor der Verarbeitung vollständig aufgetaut sein müssen. Abtropfen lassen und mit Küchenpapier abtupfen.

Garnelenspieße mit Chili-Tamarinden-Glasur

Für 4 Personen

ZUTATEN

1 Knoblauchzehe, gehackt
1 frische kleine rote Chili, entkernt und gehackt
1 EL Tamarindenpaste
1 EL Sesamöl
1 EL dunkle Sojasauce
2 EL Limettensaft
1 EL Palmzucker
16 große Garnelen

ZUM SERVIEREN:
Limettenspalten
knuspriges Brot
Blattsalat

1 Knoblauch, Chili, Tamarindenpaste, Sesamöl, Sojasauce, Limettensaft und Zucker in einem kleinen Topf bei geringer Hitze erwärmen und rühren, bis sich der Zucker auflöst. Vom Herd nehmen und vollständig abkühlen lassen.

2 Die Garnelen waschen und mit Küchenpapier abtupfen. Nebeneinander in eine große Schale aus Glas oder Porzellan legen. Die Marinade zugeben und die Garnelen gründlich darin wenden, bis sie komplett bedeckt sind. Mit Frischhaltefolie abdecken und mindestens 2 Stunden im Kühlschrank marinieren.

3 Inzwischen 4 Bambus- oder Holzspieße 20 Minuten in Wasser einweichen. Abtropfen lassen und auf jeden 4 Garnelen schieben.

4 Die Spieße unter dem vorgeheizten Backofengrill oder auf dem Kohlegrill 5–6 Minuten garen, zwischendurch einmal wenden. Die Garnelen sollen rosa und leicht gebräunt sein.

5 Auf jeden Spieß eine Limettenspalte schieben, dann zu Salat und knusprigem Brot servieren.

1

2

3

Nudeln & Reis

Thailand bietet mit seinem Monsunklima und dem reichlichen Regen ideale Bedingungen für den Reisanbau. Es ist einer der wichtigsten Reisproduzenten der Welt. Vermutlich baute man hier Reis schon um 3500 v. Chr. an. So ist es nicht verwunderlich, dass Reis eines der Grundnahrungsmittel des Landes ist und zu fast allen Mahlzeiten gereicht wird.

In der Thai-Küche verwendet man zweierlei Reis: langkörnigen und rundkörnigen. Langkornreis, auch als Duftreis bekannt, ist von hoher Qualität und hat lockere, duftende Körner. Der Rundkornreis wird auch Klebreis genannt. Seine Körner enthalten viel Stärke, die für die Klebwirkung verantwortlich ist.

Auch Nudeln spielen in der Thai-Küche eine wichtige Rolle. Den ganzen Tag über werden sie an Straßenständen angeboten. Besonders verbreitet sind Reisnudeln in Band- oder Fadenform, die eingeweicht werden, ehe man sie brät oder zu Suppen und Pfannengerichten gibt. Glasnudeln werden im Land hergestellt, Eiernudeln dagegen meist aus China importiert. Zu den meisten Nudelgerichten serviert man allerlei Zutaten zum individuellen Nachwürzen, z. B. zerdrückte getrocknete Chillies, gehackte Erdnüsse, Fischsauce, Sojasauce und Zucker.

Knusprige Reisnudeln

Für 4 Personen

ZUTATEN

- 200 g Vermicelli
- 4½ TL Öl, plus etwas mehr, zum Frittieren
- 1 Zwiebel, fein gehackt
- 4 Knoblauchzehen, fein gehackt
- 1 Hähnchenbrustfilet, gehackt
- 2 frische kleine rote Chillies, entkernt und in Ringen
- 4 EL getrocknete Shiitake-Pilze, eingeweicht und in dünne Scheiben geschnitten
- 3 EL getrocknete Krabben
- 4 Frühlingszwiebeln, in Ringe geschnitten
- 3 EL Limettensaft
- 2 EL Sojasauce
- 2 EL thailändische Fischsauce
- 2 EL Reisessig
- 2 EL Palmzucker
- 2 Eier, verquirlt
- 3 EL frisch gehackte Korianderblätter
- Frühlingszwiebel-Streifen, zum Garnieren

1 Die Nudeln 10 Minuten in Wasser einweichen und gut abtropfen lassen. Das Frittieröl in einem Wok oder einer großen Pfanne stark erhitzen. Die Nudeln zugeben und rasch frittieren, dabei gelegentlich wenden, bis sie knusprig und hellbraun sind. Zum Abtropfen auf Küchenpapier legen.

2 Einen Esslöffel Öl erhitzen, Zwiebel und Knoblauch 1 Minute darin anbraten. Das Fleisch zugeben und etwa 3 Minuten pfannenrühren. Chillies, Pilze, getrocknete Krabben und Frühlingszwiebeln zugeben.

3 Limettensaft, Sojasauce, Fischsauce, Reisessig und Zucker vermischen, in den Wok geben und 1 Minute kochen lassen. Den Wok vom Herd nehmen.

4 Das restliche Öl in einer Pfanne erhitzen. Die Eier eingießen und schwenken, um den Boden gleichmäßig zu bedecken. Ein dünnes Omelett braten. Wenn die Unterseite goldbraun ist, wenden und die andere Seite braten. Aus der Pfanne heben und aufrollen, dann in schmale Streifen schneiden.

5 Gebratene Nudeln, Fleischmischung, Koriander und Omelettstreifen vermischen. Mit Frühlingszwiebel-Streifen garnieren und sofort heiß servieren.

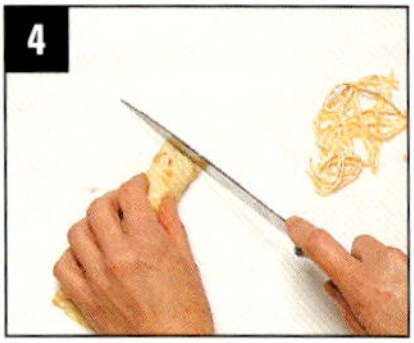

Sesamnudeln mit Krabben & Koriander

Für 4 Personen

ZUTATEN

- 1 Knoblauchzehe, gehackt
- 1 Frühlingszwiebel, gehackt
- 1 frische kleine rote Chili, entkernt und in Ringe geschnitten
- 1 Hand voll frische Korianderblätter
- 300 g feine Eiernudeln
- 2 EL Öl
- 2 TL Sesamöl
- 1 TL Krabbenpaste
- 220 g Krabben, geschält
- 2 EL Limettensaft
- 2 EL thailändische Fischsauce
- 1 TL Sesamsaat, geröstet

1 Knoblauch, Frühlingszwiebel, Chili und Koriander im Mörser zu einer glatten Paste verarbeiten.

2 Die Eiernudeln in einen Topf mit kochendem Wasser geben, aufkochen und gemäß Packungsanweisung garen.

3 Unterdessen die Öle in einem Wok erhitzen, Krabbenpaste und Koriandermischung zugeben und 1 Minute braten.

4 Die Krabben einrühren und 2 Minuten braten, bis sie sich ins Rötliche verfärben. Limettensaft und Fischsauce zugeben und 1 weitere Minute garen.

5 Die Nudeln abgießen, in den Wok geben und alles gut vermischen. Mit Sesamsaat bestreuen und servieren.

TIPP

Auch Korianderwurzeln werden in der Thai-Küche gern verwendet. Wenn Sie ganze Pflanzen bekommen, verwenden Sie alle Teile. Andernfalls reichen auch Blätter und Stiele.

Scharf-saure Nudeln

Für 4 Personen

ZUTATEN

250 g mittelfeine Eiernudeln
1 EL Sesamöl
1 EL Chili-Öl
1 Knoblauchzehe, zerdrückt
2 Frühlingszwiebeln, fein gehackt
50 g Champignons, in Scheiben geschnitten
40 g Shiitake-Pilze, eingeweicht, abgetropft und in Scheiben geschnitten
2 EL Limettensaft
3 EL helle Sojasauce
1 TL Zucker

ZUM SERVIEREN:
in Streifen geschnittener Chinakohl
2 EL in Streifen geschnittene Korianderblätter
2 EL geröstete Erdnüsse, gehackt

1 Die Nudeln in einem großen Topf mit kochendem Wasser bissfest kochen. Abgießen, in den Topf geben, mit Sesamöl beträufeln und beiseite stellen.

2 Das Chili-Öl in einem Wok oder einer großen Pfanne erhitzen. Knoblauch, Frühlingszwiebeln und Champignons kurz weich dünsten.

3 Shiitake-Pilze, Limettensaft, Sojasauce und Zucker zugeben und unter Rühren braten, bis die Masse aufkocht. Die Nudeln zugeben und unterheben.

4 Rasch auf einem Bett aus Chinakohl anrichten, mit Koriander und Erdnüssen bestreuen und servieren.

TIPP

Thailändisches Chili-Öl ist sehr scharf. Wenn Sie es milder bevorzugen, bereiten Sie das Gericht mit Öl zu und träufeln nur zum Schluss etwas Chili-Öl darüber.

Pad Thai Nudeln

Für 4 Personen

ZUTATEN

250 g breite Reisnudeln
3 EL Erdnussöl
3 Knoblauchzehen, fein gehackt
125 g Schweinefilet, in kleine Stücke geschnitten
200 g Krabben, geschält und gegart

1 EL Zucker
3 EL thailändische Fischsauce
1 EL Tomatenketschup
1 EL Limettensaft
2 Eier, verquirlt
125 g Bohnensprossen

GARNIERUNG:
1 TL getrocknete rote Chiliflocken
2 Frühlingszwiebeln, in dicke Ringe geschnitten
2 EL frisch gehackte Korianderblätter

1 Die Reisnudeln nach Packungsanweisung garen. Gut abtropfen lassen und beiseite stellen.

2 Das Öl in einem Wok oder einer großen Pfanne erhitzen. Den Knoblauch zugeben und bei starker Hitze 30 Sekunden braten. Das Fleisch zugeben und 2–3 Minuten unter Rühren rundum anbraten.

3 Die Krabben einrühren, dann Zucker, Fischsauce, Tomatenketschup und Limettensaft zugeben und weitere 30 Sekunden braten.

4 Die Eier einrühren und braten, bis sie zu stocken beginnen. Die Nudeln zugeben, dann die Bohnensprossen zufügen und unter Rühren erhitzen.

5 Auf einer Servierplatte anrichten, mit Chiliflocken, Frühlingszwiebeln und gehacktem Koriander garnieren. Sofort servieren.

TIPP

Die Nudeln gut abtropfen lassen. Sind sie zu feucht, geht der knackige Biss des Gerichtes verloren.

Reisnudeln mit Pilzen & Tofu

Für 4 Personen

ZUTATEN

220 g breite Reisnudeln
2 EL Öl
1 Knoblauchzehe, fein gehackt
2-cm-Stück frische Ingwerwurzel, fein gehackt
4 Schalotten, in dünne Ringe geschnitten
70 g Shiitake-Pilze, in Scheiben geschnitten
100 g fester Tofu, in 1,5 cm große Würfel geschnitten
2 EL helle Sojasauce
1 EL Reiswein
1 EL thailändische Fischsauce
1 EL Erdnussbutter
1 TL Chilisauce

ZUM GARNIEREN:
2 EL geröstete Erdnüsse, gehackt
in Streifen geschnittene Basilikumblätter

1 Die Reisnudeln in heißem Wasser gemäß Packungsanweisung einweichen. Gut abtropfen lassen.

2 Das Öl in einer Pfanne erhitzen. Knoblauch, Ingwer und Schalotten darin 1–2 Minuten weich braten.

3 Die Pilze zugeben und weitere 2–3 Minuten braten. Den Tofu zugeben und unter Rühren leicht anbraten.

4 Sojasauce, Reiswein, Fischsauce, Erdnussbutter und Chilisauce verrühren. Die Mischung in die Pfanne geben.

5 Die Reisnudeln zufügen und unter die Sauce heben. Mit Erdnüssen und in Streifen geschnittenen Basilikumblättern bestreuen und heiß servieren.

TIPP

Wenn es einmal schnell gehen muss, verwenden Sie statt der frischen Shiitake-Pilze getrocknete, eingeweichte und gut abgetropfte Pilze oder chinesische Strohpilze aus der Dose.

Thailändische Nudelrösti

Für 4 Personen

ZUTATEN

125 g Vermicelli
2 Frühlingszwiebeln, in feine Ringe geschnitten
1 Stängel Zitronengras, in feine Ringe geschnitten
3 EL frisch geraspelte Kokosnuss
Salz und Pfeffer
Öl, zum Braten

ZUM SERVIEREN:
100 g Bohnensprossen
1 kleine rote Zwiebel, in dünne Ringe geschnitten
1 Avocado, in dünne Scheiben geschnitten
2 EL Limettensaft
2 EL Reiswein
1 TL Chilisauce

ganze rote Chillies, zum Garnieren

1 Die Nudeln in kurze Stücke brechen und gemäß Packungsanweisung in heißem Wasser einweichen. Abtropfen lassen und mit Küchenpapier abtupfen.

2 Nudeln, Frühlingszwiebeln, Zitronengras und Kokosnuss vermischen. Mit Salz und Pfeffer würzen.

3 Etwas Öl in einer Pfanne stark erhitzen. Eine runde Ausstechform (9 cm Ø) leicht mit Öl bestreichen und in die Pfanne setzen. Etwas Nudelmischung in die Form geben, sodass der Boden gerade bedeckt ist. Mit der Rückseite eines Löffels andrücken.

4 30 Sekunden braten, dann die Form vorsichtig entfernen und das Rösti goldbraun braten. Wenden und kurz die andere Seite braten. Auf Küchenpapier abtropfen. Den restlichen Teig ebenso verarbeiten, um 12 Stück zu erhalten.

5 Die Nudelrösti abwechselnd mit Bohnensprossen, Zwiebel und Avocado aufschichten. Limettensaft, Reiswein und Chilisauce verrühren und unmittelbar vor dem Servieren über die Rösti gießen. Mit roten Chillies garnieren.

Nudeln mit würzigem Hackfleisch

Für 4 Personen

ZUTATEN

170 g breite Reisnudeln
2 EL Öl
1 Knoblauchzehe, zerdrückt
2 frische kleine grüne Chillies, gehackt
1 kleine Zwiebel, in dünne Ringe geschnitten
150 g mageres Schweinehack oder entbeintes Hühnerfleisch, gehackt
1 kleine grüne Paprika, entkernt und in kleine Stücke geschnitten
4 Kaffir-Limettenblätter, in feine Streifen geschnitten
1 EL helle Sojasauce
1 EL dunkle Sojasauce
½ TL Zucker
1 Tomate, in Spalten geschnitten
2 EL in Streifen geschnittene Basilikumblätter, zum Garnieren

1 Die Reisnudeln in heißem Wasser gemäß Packungsanweisung einweichen. Gut abtropfen lassen.

2 Das Öl in einem Wok erhitzen und Knoblauch, Chillies und Zwiebel etwa 1 Minute pfannenrühren.

3 Schweine- oder Hühnerfleisch zugeben und bei starker Hitze 1 Minute pfannenrühren. Die Paprika einrühren und 2 Minuten mitbraten.

4 Kaffir-Limettenblätter, helle und dunkle Sojasauce und Zucker einrühren. Nudeln und Tomatenspalten zugeben, alles gut vermischen und gut durchwärmen lassen.

5 Mit Basilikum bestreuen und sofort servieren.

TIPP

Frische Kaffir-Limettenblätter kann man gut einfrieren. Kaufen Sie einen Vorrat. Im Gefrierbeutel halten sie sich etwa 1 Monat und können tiefgefroren verwendet werden.

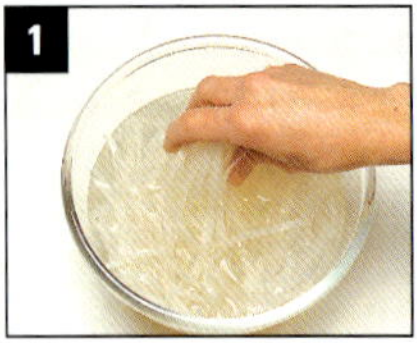

Knusprige Ente mit Nudeln & Tamarinde

Für 4 Personen

ZUTATEN

3 Entenbrüste, insgesamt 400 g
2 Knoblauchzehen, zerdrückt
1½ TL Chilipaste
1 EL Honig
3 EL dunkle Sojasauce
½ TL Fünf-Gewürze-Pulver
250 g breite Reisnudeln
1 TL Öl
1 TL Sesamöl
2 Frühlingszwiebeln, in Ringe geschnitten
100 g Zuckererbsen
2 EL Tamarindensaft (s. S. 5)
Sesamsaat, zum Garnieren

1 Die Haut der Entenbrüste mit einer Gabel einstechen. Dann die Entenbrüste in eine tiefe Schüssel legen.

2 Knoblauch, Chilipaste, Honig, Sojasauce und Fünf-Gewürze-Pulver vermischen und über die Ente gießen. Das Fleisch in der Marinade wenden, dann mindestens 1 Stunde im Kühlschrank marinieren.

3 Unterdessen die Reisnudeln 15 Minuten in heißem Wasser einweichen. Gut abtropfen lassen.

4 Die Entenbrüste aus der Marinade nehmen, abtropfen lassen und die Marinade auffangen. Die Entenbrüste auf einen Grillrost legen. Unter dem vorgeheizten Grill 10 Minuten garen, bis sie goldbraun sind. Gelegentlich wenden. Aus dem Ofen nehmen und dünn aufschneiden.

5 Pflanzen- und Sesamöl in einer großen Pfanne erhitzen. Frühlingszwiebeln und Zuckererbsen 2 Minuten anbraten. Die aufgefangene Marinade und den Tamarindensaft zugießen und alles aufkochen.

6 Das Entenfleisch und die Nudeln zugeben, vermischen und erhitzen. Mit Sesamsaat bestreuen und sofort servieren.

Reisnudeln mit Huhn & Chinakohl

Für 4 Personen

ZUTATEN

200 g Reisnudeln
1 EL Sonnenblumenöl
1 Knoblauchzehe, zerdrückt
2-cm-Stück frische Ingwerwurzel, fein gehackt
4 Frühlingszwiebeln, gehackt
1 frische rote Chili, in Ringen
300 g Hähnchenbrustfilet, fein gehackt
2 Hühnerlebern, in kleine Stücke gehackt
1 Selleriestange, in Scheiben
1 Karotte, in Stifte geschnitten
300 g Chinakohl, in feine Streifen geschnitten
4 EL Limettensaft
2 EL thailändische Fischsauce
1 EL Sojasauce

GARNIERUNG:
2 EL frisch gehackte Minzeblätter
frische Minzezweige
eingelegter Knoblauch, in Scheiben geschnitten

1 Die Reisnudeln nach Packungsanweisung in heißem Wasser einweichen. Gründlich abgießen und abtropfen lassen.

2 Das Öl in einem Wok oder einer Pfanne erhitzen. Knoblauch, Ingwer, Frühlingszwiebeln und Chili zugeben und 1 Minute kräftig pfannenrühren. Hähnchenbrustfilet und Leber zugeben und bei starker Hitze 2–3 Minuten pfannenrühren.

3 Sellerie und Karotte zugeben und 2 Minuten unter Rühren braten, bis das Gemüse weich wird. Chinakohl, Limettensaft, Fischsauce und Sojasauce gründlich unterrühren.

4 Die Nudeln zugeben und erhitzen. Mit gehackter Minze und eingelegtem Knoblauch bestreuen. Mit Minzezweigen garnieren und sofort servieren.

Reisnudeln mit Spinat

Für 4 Personen

ZUTATEN

120 g breite Reisnudeln
2 EL getrocknete Krabben (nach Geschmack)
250 g frischer junger Spinat
1 EL Erdnussöl
2 Knoblauchzehen, fein gehackt
2 TL thailändische grüne Currypaste
1 TL Zucker
1 EL helle Sojasauce

1 Die Nudeln in heißem Wasser gemäß Packungsanweisung einweichen, dann gut abtropfen lassen.

2 Die Krabben in heißem Wasser 10 Minuten einweichen und gut abtropfen lassen. Den Spinat waschen, abtropfen lassen und harte Stiele entfernen.

3 Das Öl in einem Wok oder einer großen Pfanne erhitzen. Den Knoblauch bei mittlerer Hitze 1 Minute pfannenrühren. Die Currypaste zugeben und etwa 30 Sekunden unter Rühren mitbraten. Die eingeweichten Krabben zugeben und unter Rühren weitere 30 Sekunden braten.

4 Den Spinat zugeben und unter Rühren 1–2 Minuten garen, bis die Blätter eben zusammenfallen.

5 Zucker und Sojasauce einrühren, dann die Nudeln zugeben und alles gut vermischen. Sofort heiß servieren.

TIPP

Verwenden Sie möglichst jungen Spinat, der zart ist und schnell gart. Größere Blätter müssen in Stücke gezupft werden, damit sie schneller gar werden.

Nudelsalat mit Kokos, Limette & Basilikum

Für 4 Personen

ZUTATEN

220 g getrocknete Eiernudeln
2 TL Sesamöl
1 Karotte
100 g Bohnensprossen
½ Salatgurke
2 Frühlingszwiebeln, in Ringen
150 g gegarte Putenbrust, in Streifen geschnitten

DRESSING:
5 EL Kokosmilch
3 EL Limettensaft
1 EL helle Sojasauce
2 TL thailändische Fischsauce
1 TL Chili-Öl
1 TL Zucker
2 EL frisch gehackte Korianderblätter
2 EL frisch gehackte Basilikumblätter

GARNIERUNG:
Erdnüsse
frisch gehackte Basilikumblätter

1 Die Nudeln in kochendem Wasser gemäß Packungsanweisung garen. Zum Abschrecken in eine Schüssel mit kaltem Wasser geben, dann abgießen und mit Sesamöl mischen.

2 Mit einem Sparschäler von der Karotte lange Streifen abschneiden. Die Möhrenstreifen mit den Bohnensprossen in kochendem Wasser 30 Sekunden blanchieren, dann 30 Sekunden kalt abschrecken und gut abtropfen lassen. Mit dem Sparschäler lange Streifen von der Gurke abschneiden.

3 Karotten, Bohnensprossen, Gurke und Frühlingszwiebeln mit Putenbrust und Nudeln mischen.

4 Alle Zutaten für das Dressing in ein Schraubglas geben, verschließen und kräftig schütteln, bis alle Zutaten gut vermischt sind.

5 Das Dressing über die Nudeln geben und unterheben. Auf einer Servierplatte anrichten, mit Erdnüssen und Basilikum bestreuen. Kalt servieren.

2

3

5

Gebratener Reis mit Eierschnecken

Für 4 Personen

ZUTATEN

2 EL Erdnussöl
1 Ei, mit 1 TL Wasser verquirlt
1 Knoblauchzehe, fein gehackt
1 kleine Zwiebel, fein gehackt
1 EL thailändische rote Currypaste

250 g Langkornreis, gegart
60 g Erbsen, gegart
1 EL thailändische Fischsauce
2 EL Tomatenketschup
2 EL frisch gehackte Korianderblätter

GARNIERUNG:
frische rote Chillies
Gurkenscheiben

1 Für die Chiliblüten die Chillies am Stiel anfassen und die Früchte mit einem scharfen Messer längs von der Spitze bis kurz vor den Stielansatz einschneiden. Die Frucht um 90° drehen und einen weiteren Schnitt ausführen. 4 Schnitte machen, dann die Kerne ausschaben. Jedes „Blütenblatt" weiter aufschneiden, sodass insgesamt 8–16 Streifen entstehen. In Eiswasser legen.

2 In einer Pfanne 1 Teelöffel Öl erhitzen. Die Eimischung eingießen und schwenken, um den Boden gleichmäßig zu bedecken. Goldbraun braten und aus der Pfanne nehmen. Aufrollen und beiseite stellen.

3 Das restliche Erdnussöl in die Pfanne geben und Knoblauch und Zwiebel bei mittlerer Hitze 1 Minute anbraten. Die rote Currypaste zugeben, gegarten Reis und Erbsen einrühren.

4 Fischsauce und Ketschup zugeben. Die Pfanne vom Herd nehmen und die Reis-Erbsen-Mischung auf einer Platte anrichten.

5 Das gerollte Omelett in Streifen schneiden, auf den Reis legen und mit Gurkenscheiben und Chiliblüten garnieren. Heiß servieren.

Jasminreis mit Zitrone & Basilikum

Für 4 Personen

ZUTATEN

400 g Jasminreis
800 ml Wasser

abgeriebene Schale von ½ Zitrone

2 EL frisch gehackte Basilikumblätter

1 Den Reis gründlich mit kaltem Wasser waschen, bis es klar abläuft. Das Wasser in einem großen Topf aufkochen, dann den Reis zugeben.

2 Wieder aufkochen, dann die Hitze reduzieren. Abdecken und 12 Minuten köcheln.

3 Den Topf vom Herd nehmen und abgedeckt 10 Minuten stehen lassen.

4 Den Reis mit einer Gabel auflockern, dann die Zitronenschale einrühren und mit dem gehackten Basilikum bestreuen.

TIPP

Der Deckel muss beim Kochen fest verschlossen sein, damit kein Dampf entweicht. Nur so werden die Reiskörner luftig und locker.

1

2

4

Reis mit Meeresfrüchten

Für 4 Personen

ZUTATEN

12 frische Miesmuscheln, geputzt
2 l Fischfond
2 EL Öl
1 Knoblauchzehe, zerdrückt
1 TL frisch geriebene Ingwerwurzel
1 frische kleine rote Chili, gehackt
2 Frühlingszwiebeln, gehackt
220 g Langkornreis
2 kleine küchenfertige Tintenfische, in Ringe geschnitten
100 g festes weißes Fischfilet, z. B. Heilbutt oder Seelachs, gewürfelt
100 g Krabben, geschält
2 EL thailändische Fischsauce
3 EL frische Korianderblätter, in Streifen geschnitten

1 Alle Muscheln aussortieren, die sich beim Gegenklopfen nicht schließen. 4 Esslöffel Fischfond in einem großen Topf erhitzen. Die Muscheln zugeben und bei mittlerer Hitze kochen, bis sich die Schalen öffnen. Gelegentlich rütteln. Aus dem Topf nehmen und alle geschlossenen Muscheln aussortieren.

2 Das Öl in einem Wok oder einer großen Pfanne erhitzen. Knoblauch, Ingwer, Chili und Frühlingszwiebeln 30 Sekunden darin anbraten. Den Fischfond zugießen und aufkochen.

3 Den Reis zugeben, dann Tintenfisch, Fischfilet und Krabben einrühren. Die Hitze reduzieren und 15 Minuten köcheln. Fischsauce und Muscheln zugeben.

4 In Schalen füllen, mit gehacktem Koriander bestreuen und sofort servieren.

TIPP

Für dieses Rezept eignen sich auch Reste von gekochtem Reis. Er wird dann erst kurz vor Ende der Garzeit des Fisches zugegeben.

Kokosreis mit Ananas

Für 4 Personen

ZUTATEN

200 g Langkornreis
500 ml Kokosmilch
2 Stängel Zitronengras
200 ml Wasser
2 Scheiben frische Ananas, geschält und gewürfelt
2 EL Kokosspäne, geröstet
Chilisauce, zum Servieren

1 Den Reis in reichlich kaltem Wasser waschen, bis es klar abfließt. Mit der Kokosmilch in einen großen Topf geben.

2 Das Zitronengras auf eine stabile Fläche legen und mit einem Nudelholz oder einem Fleischklopfer zerdrücken. Zu Reis und Kokosmilch in den Topf geben.

3 Das Wasser zugießen und zum Kochen bringen. Die Hitze reduzieren und abgedeckt 15 Minuten leicht kochen. Den Topf vom Herd nehmen und den Reis mit einer Gabel vorsichtig auflockern.

4 Das Zitronengras entfernen und die Ananaswürfel einrühren. Mit Kokosspänen garnieren und mit Chilisauce servieren.

VARIATION

Für eine süße Variante lassen Sie das Zitronengras weg und rühren während der Kochzeit Palmzucker nach Geschmack ein. Mit frischen Ananasscheiben als Dessert servieren.

Gemüse & Salate

Viele der Gemüsesorten, Salate und Sprossen, die in der Thai-Küche verwendet werden, wachsen im Lande. Aus diesem Grund ist es schwierig, bei uns wirklich authentische Salate und Gemüsegerichte zuzubereiten, denn auch die besten Asia-Shops können die Zutaten nicht tagesfrisch anbieten.

Einige frische Zutaten lassen sich durch konservierte Waren ersetzen, oder man verwendet einheimisches, europäisches Gemüse. Pak Choi, Chinakohl und einige andere asiatische Sorten sind auch bei uns frisch erhältlich. Mit etwas Überlegung und geschickter Auswahl kann man also durchaus fantasievolle Gemüsegerichte mit thailändischer Prägung zaubern.

Thailändische Köche reichern die Salate oft mit feinen Streifen von gegartem Fleisch, Fisch oder gegarten Meeresfrüchten an, vegetarische Gerichte werden durch Pilze oder Tofu gehaltvoller.

Die typischen Dressings sind pikant bis scharf. Bittere, salzige, saure, scharfe und süße Aromen sind sorgfältig ausgewogen. Garniert werden die Gerichte mit gehackten Erdnüssen oder getrockneten Chillies, gehacktem Koriander oder gehackter Minze sowie Scheiben von eingelegtem Knoblauch.

Knackiges eingelegtes Gemüse

Für 6–8 Personen

ZUTATEN

½ kleiner Blumenkohl	½ kleiner Chinakohl	3 Knoblauchzehen
½ Gurke	500 ml Reisessig	3 Schalotten
2 Karotten	1 EL Zucker	3 frische kleine rote Chillies
200 g Brechbohnen	1 TL Salz	5 EL Erdnussöl

1 Den Blumenkohl putzen. Die Gurke schälen und entkernen. Die Karotten schälen. Die Bohnen und den Kohl putzen. Alle Gemüsesorten in mundgerechte Stücke schneiden. Nach Geschmack die Karotten zu Blüten schneiden.

2 Reisessig, Zucker und Salz in einem großen Topf bis kurz vor den Siedepunkt erhitzen. Das Gemüse zugeben, die Hitze reduzieren und 3–4 Minuten köcheln, bis das Gemüse zart, aber noch bissfest ist. Den Topf vom Herd nehmen und alles abkühlen lassen.

3 Knoblauch und Schalotten schälen und Chillies entkernen. Alles im Mörser zu einer Paste verarbeiten.

4 Das Öl in einer Pfanne erhitzen und die Gewürzpaste 1–2 Minuten anbraten. Gemüse und Essig zugeben und 2 Minuten köcheln, um den Sud leicht zu reduzieren. Vom Herd nehmen und vollständig auskühlen lassen.

5 Das Gemüse kalt servieren oder in Schraubgläser füllen. Im Kühlschrank ist es etwa 2 Wochen haltbar.

TIPP

Für einfache Blüten die Karotten schälen, dann mit einem Zestenschneider in regelmäßigen Abständen längs Rillen schneiden. Anschließend die Karotten in Scheiben schneiden.

Chili-Kokos-Sambal

Für 6–8 Personen

ZUTATEN

1 kleine Kokosnuss
1 Scheibe frische Ananas, fein gewürfelt
1 kleine Zwiebel, fein gehackt
2 frische kleine grüne Chillies, entkernt und gehackt
5-cm-Stück Zitronengras, fein gehackt
½ TL Salz
1 TL Krabbenpaste
1 EL Limettensaft
2 EL frisch gehackte Korianderblätter
frische Korianderblätter, zum Garnieren

1 Zwei Augen der Kokosnuss mit einem Schraubendreher durchstechen und die Flüssigkeit ausgießen. Die Nuss aufbrechen, das Fleisch auslösen, raspeln und in eine Schüssel geben.

2 Kokosnuss mit Ananas, Zwiebel, Chillies und Zitronengras mischen.

3 Salz, Krabbenpaste und Limettensaft verrühren, an das vorbereitete Sambal geben.

4 Den Koriander einrühren. Alles in eine kleine Servierschüssel füllen und mit frischen Korianderblättern garnieren.

TIPP

Mit der groben Raspel der Küchenmaschine ist die Kokosnuss schnell zerkleinert.

VARIATION

Alternativ die frisch geriebene Kokosnuss mit 1 TL grüner Currypaste verrühren. Dann gewürfelte Ananas zugeben und mit Limettensaft abschmecken.

1

2

3

Buntes Gemüse in Erdnusssauce

Für 4 Personen

ZUTATEN

2 Karotten
1 kleiner Blumenkohl
2 kleine Köpfe grüner Pak Choi
150 g Brechbohnen, geputzt
2 EL Öl
1 Knoblauchzehe, fein gehackt
6 Frühlingszwiebeln, in Ringe geschnitten
1 TL Chilipaste
2 EL Sojasauce
2 EL Reiswein
4 EL Erdnussbutter
3 EL Kokosmilch

1 Die Karotten schräg in dünne Scheiben schneiden. Den Blumenkohl in Röschen zerteilen, den Strunk in dünne Scheiben schneiden. Den Pak Choi in Streifen schneiden, die Brechbohnen in 3 cm lange Stücke schneiden.

2 Das Öl in einem Wok oder einer großen Pfanne erhitzen. Knoblauch und Frühlingszwiebeln etwa 1 Minute darin anbraten. Die Chilipaste einrühren und einige Sekunden mitkochen.

3 Karotten und Blumenkohl zugeben und 2–3 Minuten pfannenrühren.

4 Pak Choi und Bohnen zugeben und weitere 2 Minuten braten. Sojasauce und Reiswein einrühren.

5 Die Erdnussbutter mit der Kokosmilch verrühren und in den Wok geben. Unter Rühren 1 Minute darin kochen. Heiß servieren.

TIPP

Die Gemüsestücke müssen gleichmäßig dick sein, damit sie schnell und gleichmäßig garen. Putzen und schneiden Sie zunächst das gesamte Gemüse.

Thailändisches rotes Bohnencurry

Für 4 Personen

ZUTATEN

400 g Brechbohnen
1 Knoblauchzehe, in feine Scheiben geschnitten
1 frische kleine rote Chili, entkernt und gehackt
½ TL Paprikapulver
1 Stück Zitronengras, fein gehackt
2 TL thailändische Fischsauce
125 ml Kokosmilch
1 EL Sonnenblumenöl
2 Frühlingszwiebeln, in Ringe geschnitten

1 Die Brechbohnen in 5 cm lange Stücke schneiden und in kochendem Wasser 2 Minuten blanchieren. Gut abtropfen lassen.

2 Knoblauch, Chili, Paprikapulver, Zitronengras, Fischsauce und Kokosmilch im Mixer zu einer glatten Paste pürieren.

3 Das Sonnenblumenöl in einem Wok oder einer großen Pfanne erhitzen. Die Frühlingszwiebeln bei starker Hitze 1 Minute anbraten. Die Paste einrühren und die Mischung langsam zum Kochen bringen.

4 Die Hitze reduzieren und 3–4 Minuten leicht kochen, bis die Flüssigkeit auf die Hälfte reduziert ist. Die Bohnen zugeben und 1–2 Minuten mitkochen. Sofort servieren.

TIPP

Statt der Brechbohnen kann man junge Stangenbohnen verwenden. Die Fäden entfernen, die Bohnen schräg in Stücke schneiden und wie im Rezept weiter verarbeiten.

Gebratene Pilze mit Ingwer

Für 4 Personen

ZUTATEN

2 EL Öl
3 Knoblauchzehen, zerdrückt
1 EL thailändische rote Currypaste
½ TL gemahlene Kurkuma
400 g chinesische Strohpilze aus der Dose, abgespült, abgetropft und halbiert
2-cm-Stück frische Ingwerwurzel, in feine Stifte geschnitten
100 ml Kokosmilch
40 g getrocknete Shiitake-Pilze, eingeweicht, abgetropft und in Scheiben geschnitten
1 EL Zitronensaft
1 EL helle Sojasauce
2 TL Zucker
½ TL Salz
8 Cocktailtomaten, halbiert
200 g fester Tofu, gewürfelt
frische Korianderblätter, zum Garnieren
gekochter Duftreis, zum Servieren

1 Das Öl erhitzen und den Knoblauch etwa 1 Minute darin pfannenrühren. Currypaste und Kurkuma einrühren und 30 Sekunden mitbraten.

2 Strohpilze und Ingwer zugeben und 2 Minuten braten. Die Kokosmilch zugießen und zum Kochen bringen.

3 Die Shiitake-Pilze einrühren. Zitronensaft, Sojasauce, Zucker und Salz zugeben und alles gut durchwärmen. Tomaten und Tofu vorsichtig unterheben.

4 Das Gericht mit Korianderblättern bestreuen und sofort zu gekochtem Duftreis servieren.

TIPP

Variieren Sie die Pilze nach Geschmack und Saison. Gut schmeckt eine Mischung aus Shiitake- und Austernpilzen. Selbst einfache Champignons eignen sich für dieses Rezept.

Pilze mit pikanter Füllung

Für 4 Personen

ZUTATEN

8 große Pilze mit flachen Hüten
3 EL Sonnenblumenöl
2 EL helle Sojasauce
1 Knoblauchzehe, zerdrückt
2-cm-Stück frische Galgant- oder Ingwerwurzel, gerieben
1 EL grüne Currypaste
8 Babymaiskolben, in Scheiben geschnitten
3 Frühlingszwiebeln, gehackt
125 g Bohnensprossen
100 g fester Tofu, gewürfelt
2 TL Sesamsaat, geröstet

ZUM SERVIEREN:
Gurke, gewürfelt
Streifen von roter Paprika

1 Die Stiele von den Pilzen entfernen und beiseite legen. Die Hüte auf ein Backblech legen. 2 Esslöffel Öl mit 1 Esslöffel heller Sojasauce verrühren und die Pilzhüte damit bestreichen.

2 Die Pilzhüte unter dem vorgeheizten Grill grillen, bis sie goldbraun und gar sind. Einmal wenden.

3 Unterdessen die Pilzstiele fein hacken. Das restliche Öl in einem Wok oder einer großen Pfanne erhitzen. Die Pilzstiele mit Knoblauch und Galgant oder Ingwer 1 Minute anbraten.

4 Die Currypaste einrühren, Babymaiskolben und Frühlingszwiebeln zugeben. 1 Minute unter Rühren anbraten. Die Bohnensprossen zufügen und 1 weitere Minute braten.

5 Den Tofu und die restliche Sojasauce zugeben, alles vermischen und erhitzen. Den Wok vom Herd nehmen und die Gemüsemischung gleichmäßig in die Pilzhüte füllen.

6 Mit Sesam bestreuen und sofort zu Gurkenwürfeln und Paprikastreifen servieren.

TIPP

Galgant und Ingwer kann man gut einfrieren, entweder im Ganzen oder auch fein gewürfelt. Ganze Ingwerstücke lassen sich auch in gefrorenem Zustand gut reiben.

1

4

5

Gemüsepfanne mit gelber Bohnensauce

Für 4 Personen

ZUTATEN

1 Aubergine
Salz
2 EL Öl
3 Knoblauchzehen, zerdrückt
4 Frühlingszwiebeln, gehackt
1 kleine rote Paprika, entkernt und in dünne Streifen geschnitten
4 Babymaiskolben, längs halbiert
80 g Zuckererbsen
200 g chinesischer Senfkohl, grob in Streifen geschnitten
400 g chinesische Strohpilze aus der Dose, abgespült und abgetropft
125 g Bohnensprossen
2 EL Reiswein
2 EL gelbe Bohnensauce
2 EL dunkle Sojasauce
1 TL Chilisauce
1 TL Zucker
125 ml Hühner- oder Gemüsebrühe
1 TL Speisestärke
2 TL Wasser

1 Die Aubergine putzen und in 5 cm lange Stifte schneiden. In einen Durchschlag geben, mit Salz bestreuen und 30 Minuten ziehen lassen. Mit kaltem Wasser abspülen und mit Küchenpapier trockentupfen.

2 Das Öl in einem Wok oder einer großen Pfanne erhitzen. Knoblauch, Frühlingszwiebeln und Paprika bei starker Hitze 1 Minute pfannenrühren. Die Aubergine zugeben und 1 weitere Minute braten.

3 Babymaiskolben und Zuckererbsen zugeben und nochmals 1 Minute braten. Senfkohl, Pilze und Bohnensprossen zufügen und 30 Sekunden braten.

4 Reiswein, Bohnensauce, Sojasauce, Chilisauce und Zucker vermischen und mit der Brühe in den Wok geben. Unter Rühren zum Kochen bringen.

5 Die Speisestärke mit dem Wasser glatt anrühren. Schnell an die Sauce geben, 1 Minute aufkochen und sofort servieren.

2

4

Kartoffeln in Kokoscreme

Für 4 Personen

ZUTATEN

600 g Kartoffeln
1 Zwiebel, in dünne Ringe geschnitten
2 frische kleine rote Chillies, fein gehackt
½ TL Salz
½ TL Pfeffer
80 g Kokoscreme
350 ml Gemüse- oder Hühnerbrühe
frisch gehackte Koriander- oder Basilikumblätter, zum Garnieren

1 Die Kartoffeln schälen. Mit einem scharfen Messer in 2 cm große Würfel schneiden.

2 Die Kartoffeln mit Zwiebel, Chillies, Salz, Pfeffer und Kokoscreme in einen Topf geben. Die Brühe einrühren.

3 Alles zum Kochen bringen, dabei gelegentlich rühren. Die Hitze reduzieren und abgedeckt leicht kochen, bis die Kartoffeln weich sind.

4 Abschmecken, mit gehacktem Koriander oder Basilikum bestreuen und heiß servieren.

TIPP

Junge, neue Kartoffeln mit dünner Schale nur waschen und kräftig abbürsten. So erhält das Gericht mehr Ballaststoffe. Ganz kleine, junge Kartoffeln können auch im Ganzen verwendet werden.

Brokkolipfanne mit Austernsauce

Für 4 Personen

ZUTATEN

400 g Brokkoli
1 EL Erdnussöl
2 Schalotten, fein gehackt
1 Knoblauchzehe, fein gehackt
1 EL Reiswein oder Sherry
5 EL Austernsauce
¼ TL gemahlener schwarzer Pfeffer
1 TL Chili-Öl

1 Den Brokkoli putzen und in kleine Röschen zerteilen. In einem Topf mit kochendem Wasser etwa 30 Sekunden blanchieren, dann gut abtropfen lassen.

2 Das Öl in einem Wok oder einer großen Pfanne erhitzen. Schalotten und Knoblauch 1–2 Minuten darin goldbraun anbraten.

3 Den Brokkoli zugeben und unter Rühren 2 Minuten braten. Reiswein und Austernsauce zugießen und 1 weitere Minute unter Rühren braten.

4 Mit Pfeffer abschmecken. Vor dem Servieren mit Chili-Öl beträufeln.

TIPP

Chili-Öl kann man selbst machen. Getrocknete rote oder grüne Chillies in ein Schraubglas geben, mit einem milden Öl bedecken und verschließen. Mindestens 3 Wochen durchziehen lassen.

Paprika mit Thai-Gewürzen

Für 4 Personen

ZUTATEN

2 rote Paprika
2 gelbe Paprika
2 grüne Paprika
2 frische kleine rote Chillies, entkernt und fein gehackt
1 Stängel Zitronengras, in feine Streifen geschnitten
4 EL Limettensaft
2 EL Palmzucker
1 EL thailändische Fischsauce

1 Die Paprika im Backofen unter gelegentlichem Wenden rösten, bis die Haut dunkel wird und Blasen wirft. Etwas abkühlen lassen, dann die Haut abziehen. Die Schoten längs halbieren, Trennhäute und Samen sorgfältig entfernen.

2 Die Paprika in breite Streifen schneiden und in eine Schüssel geben.

3 Chillies, Zitronengras, Limettensaft, Zucker und Fischsauce in ein Schraubglas geben, verschließen und kräftig schütteln.

4 Das Dressing über den Paprika verteilen, vorsichtig umrühren. Vollständig abkühlen lassen, mit Frischhaltefolie abdecken und 1 Stunde kalt stellen. Auf einem Teller anrichten und servieren.

TIPP

Die Aromen verbinden sich am besten, wenn die Paprika noch lauwarm im Dressing gewendet werden. Das Dressing zubereiten, während die Paprika gegrillt werden.

Pak Choi mit Krebsfleisch

Für 4 Personen

ZUTATEN

250 g grüner Pak Choi
2 EL Öl
1 Knoblauchzehe, in dünne Scheiben geschnitten
2 EL Austernsauce
100 g Cocktailtomaten, halbiert
170 g helles Krebsfleisch aus der Dose, abgetropft
Salz und Pfeffer

1 Den Pak Choi putzen und in 2,5 cm breite Streifen schneiden.

2 Das Öl in einem Wok oder einer großen Pfanne erhitzen und den Knoblauch bei starker Hitze 1 Minute darin anbraten.

3 Den Pak Choi zugeben und 2–3 Minuten braten, bis die Blätter zusammenfallen, die Stiele aber noch Biss haben.

4 Nach und nach Austernsauce und Tomaten zugeben und bei mittlerer Hitze 1 weitere Minute braten.

5 Das Krebsfleisch zufügen und mit Salz und Pfeffer abschmecken. Vorsichtig umrühren, um das Krebsfleisch gleichmäßig zu zerkleinern und zu erhitzen. Heiß servieren.

VARIATION

Vegetarier lassen das Krebsfleisch weg und ersetzen die Austernsauce durch 2 EL helle Sojasauce.

Wenn kein Pak Choi erhältlich ist, können Sie auch Chinakohl für dieses Gericht verwenden.

Würziges Cashew-Curry

Für 4 Personen

ZUTATEN

250 g ungesalzene Cashewkerne
1 TL Koriandersamen
1 TL Kreuzkümmelsamen
2 Kardamomkapseln, zerdrückt
1 EL Sonnenblumenöl
1 Zwiebel, in dünne Ringe geschnitten
1 Knoblauchzehe, zerdrückt
1 frische kleine grüne Chili, entkernt und gehackt
1 Zimtstange
½ TL gemahlene Kurkuma
4 EL Kokoscreme
300 ml heiße Gemüsebrühe
3 Kaffir-Limettenblätter, in feine Streifen geschnitten
Salz und Pfeffer
gekochter Jasminreis, zum Servieren

1 Die Cashewkerne über Nacht in kaltem Wasser einweichen. Gut abtropfen. Koriander, Kreuzkümmel und Kardamomkapseln im Mörser zerstoßen.

2 Das Öl erhitzen. Zwiebel und Knoblauch 2–3 Minuten weich dünsten, aber nicht anbräunen. Chili, zerstoßene Gewürze, Zimt und Kurkuma zugeben und 1 Minute braten.

3 Kokoscreme und heiße Brühe zugießen. Zum Kochen bringen, dann Cashewkerne und Kaffir-Limettenblätter zufügen. Mit Salz und Pfeffer abschmecken.

4 Die Hitze reduzieren und abgedeckt 2 Minuten leicht kochen. Gelegentlich umrühren. Heiß zu Jasminreis servieren.

TIPP

Frisch zerkleinerte Gewürze schmecken besonders aromatisch. Ersatzweise können Sie auch gemahlene Gewürze verwenden.

Gelbes Kartoffelcurry mit Spinat

Für 4 Personen

ZUTATEN

- 2 Knoblauchzehen, fein gehackt
- 3-cm-Stück Galgant oder Ingwer, fein gehackt
- 1 Stängel Zitronengras, fein gehackt
- 1 TL Koriandersamen
- 3 EL Öl
- 2 TL thailändische rote Currypaste
- ½ TL gemahlene Kurkuma
- 200 ml Kokosmilch
- 250 g Kartoffeln, geschält und in 2 cm große Würfel geschnitten
- 100 ml Gemüsebrühe
- 200 g junger Blattspinat
- 1 kleine Zwiebel, in dünne Ringe geschnitten

1 Knoblauch, Galgant, Zitronengras und Koriandersamen im Mörser sorgfältig zu einer glatten Paste verarbeiten.

2 In einem Wok oder einer Pfanne 2 Esslöffel Öl erhitzen. Die Gewürzpaste etwa 30 Sekunden anbraten. Currypaste und Kurkuma einrühren, dann die Kokosmilch zufügen und zum Kochen bringen.

3 Kartoffeln und Brühe zugeben, wieder zum Kochen bringen. Die Hitze reduzieren und ohne Deckel 10–12 Minuten leicht kochen, bis die Kartoffeln fast gar sind.

4 Den Spinat einrühren und köcheln, bis die Blätter zusammenfallen.

5 Unterdessen die Zwiebel im restlichen Öl goldbraun braten. Unmittelbar vor dem Servieren auf dem Curry verteilen.

TIPP

Wählen Sie für dieses Gericht eine fest kochende Kartoffelsorte. Mehlige Sorten zerfallen zu leicht, dann sieht das Curry unappetitlich aus.

Süßkartoffelpuffer mit Soja-Tomaten-Sauce

Für 4 Personen

ZUTATEN

500 g Süßkartoffeln
2 Knoblauchzehen, zerdrückt
1 frische kleine grüne Chili, gehackt
2 Korianderzweige, gehackt
1 EL dunkle Sojasauce
Mehl, zum Wenden
Öl, zum Braten
Sesamsaat, zum Bestreuen

SOJA-TOMATEN-SAUCE:
2 TL Öl
1 Knoblauchzehe, fein gehackt
2-cm-Stück frische Ingwerwurzel, fein gehackt
3 Tomaten, geschält und gehackt
2 EL dunkle Sojasauce
1 EL Limettensaft
2 EL frisch gehackte Korianderblätter

1 Für die Sauce das Öl in einem Wok erhitzen. Knoblauch und Ingwer zugeben und etwa 1 Minute anbraten. Die Tomaten zufügen und weitere 2 Minuten pfannenrühren. Vom Herd nehmen. Sojasauce, Limettensaft und Koriander einrühren. Beiseite stellen und warm halten.

2 Die Süßkartoffeln schälen und fein reiben. Knoblauch, Chili und Koriander im Mörser zu einer glatten Paste verarbeiten. Die Sojasauce einrühren, dann alles mit den Süßkartoffeln vermischen.

3 Aus der Kartoffelmasse mit den Händen 12 flache, runde Puffer formen. In etwas Mehl wenden.

4 Etwas Öl in einer Pfanne erhitzen. Die Puffer bei starker Hitze goldbraun braten. Einmal wenden.

5 Auf Küchenpapier abtropfen lassen und mit Sesamsaat bestreuen. Heiß mit der Soja-Tomaten-Sauce servieren.

Maispuffer

Für 4 Personen

ZUTATEN

50 g Mehl
1 Ei
2 TL grüne Currypaste
5 EL Kokosmilch
400 g Maiskörner aus der Dose oder Tiefkühlware

4 Frühlingszwiebeln
1 EL frisch gehackte Korianderblätter
1 EL frisch gehackte Basilikumblätter
Salz und Pfeffer
Öl, zum Braten

ZUM SERVIEREN:
Limettenspalten
Chili-Relish

1 Mehl, Ei, Currypaste, Kokosmilch und etwa die Hälfte der Maiskörner im Mixer zu einem glatten Teig pürieren.

2 Die Frühlingszwiebeln fein hacken und in den Teig geben. Den restlichen Mais mit gehacktem Koriander und Basilikum ebenfalls einrühren. Mit Salz und Pfeffer abschmecken.

3 Etwas Öl in einer großen Pfanne erhitzen. Kleine Teigportionen hineinsetzen und 2–3 Minuten bei starker Hitze goldbraun braten.

4 Wenden und die andere Seite goldbraun braten. Aus dem Teig lassen sich 12–16 Puffer backen. Fertige Puffer im Backofen warm halten.

5 Heiß mit Limettenspalten und einem Chili-Relish servieren.

TIPP

Frische Maiskörner mit einem scharfen Messer vom Kolben ablösen und 4–5 Minuten in kochendem Wasser garen. Gut abtropfen lassen, dann wie im Rezept verarbeiten.

Scharfe Gemüseplätzchen mit süßem Chili-Dip

Für 4–6 Personen

ZUTATEN

150 g Mehl
1 TL gemahlener Koriander
1 TL gemahlener Kreuzkümmel
1 TL gemahlene Kurkuma
1 TL Salz
½ TL Pfeffer
2 Knoblauchzehen, fein gehackt
3-cm-Stück frische Ingwerwurzel, gehackt
2 frische kleine grüne Chillies, fein gehackt
1 EL frisch gehackte Korianderblätter
220 ml Wasser
1 Zwiebel, gehackt
1 Kartoffel, grob gerieben
80 g Maiskörner
1 kleine Aubergine, gewürfelt
125 g Brokkoli, in kleine Stücke geschnitten
Kokosöl, zum Frittieren

SÜSSER CHILI-DIP:
2 frische kleine rote Chillies, fein gehackt
4 EL Zucker
4 EL Reisessig
1 EL helle Sojasauce

1 Alle Zutaten für den Dip so lange verrühren, bis der Zucker aufgelöst ist. Abdecken und bis zum Verbrauch beiseite stellen.

2 Das Mehl in einer Schüssel mit gemahlenem Koriander, Kreuzkümmel, Kurkuma, Salz und Pfeffer vermischen. Knoblauch, Ingwer, Chillies und gehackten Koriander zugeben, dann gerade genug Wasser einrühren, dass ein dicker Teig entsteht.

3 Zwiebel, Kartoffel, Mais, Aubergine und Brokkoli zugeben und alles gründlich verrühren.

4 Das Öl im Wok auf 180 °C erhitzen, bis ein Brotwürfel in 30 Sekunden braun wird. Den Teig löffelweise in das heiße Öl geben und goldbraun frittieren, einmal wenden.

5 Fertige Plätzchen im Backofen warm halten, während der restliche Teig verarbeitet wird. Auf Küchenpapier abtropfen lassen und heiß mit dem Chili-Dip servieren.

Pilz & Aubergine im Omelettpäckchen

Für 1–2 Personen

ZUTATEN

- 3 EL Öl
- 1 Knoblauchzehe, fein gehackt
- 1 kleine Zwiebel, fein gehackt
- 1 kleine Aubergine, gewürfelt
- ½ kleine grüne Paprika, entkernt und gehackt
- 1 großer getrockneter Shiitake-Pilz, eingeweicht, abgetropft und in Scheiben geschnitten
- 1 Tomate, gewürfelt
- 1 EL helle Sojasauce
- ½ TL Zucker
- ¼ TL Pfeffer
- 2 große Eier

ZUM GARNIEREN:

- Blattsalat
- Tomatenschnitze
- Gurkenscheiben

1 Die Hälfte des Öls in einem Wok oder einer Pfanne erhitzen. Den Knoblauch darin bei starker Hitze 30 Sekunden pfannenrühren. Zwiebel und Aubergine zufügen und bräunen.

2 Die Paprika zugeben und 1 Minute braten, bis sie beginnt, weich zu werden. Pilz, Tomate, Sojasauce, Zucker und Pfeffer zugeben. Das Gemüse aus dem Wok nehmen und warm stellen.

3 Die Eier leicht verquirlen. Das restliche Öl erhitzen, den Wok damit ausschwenken. Die Eier eingießen und ebenfalls schwenken, damit sie eine dünne Schicht bilden.

4 Wenn das Ei gestockt ist, die Füllung in die Mitte geben. Die Seiten umschlagen, sodass ein viereckiges Päckchen entsteht.

5 Das Omelett heiß zu Salat, Tomaten und Gurkenscheiben servieren.

TIPP

Wenn Sie zuerst die Pfanne stark erhitzen, dann das Öl zugeben und ebenfalls erhitzen, wird das Ei nicht am Pfannenboden ankleben.

Knuspriger Tofu mit Chilisauce

Für 4 Personen

ZUTATEN

300 g fester Tofu
2 EL Öl
1 Knoblauchzehe, in Scheiben geschnitten
1 Karotte, in Stifte geschnitten
½ grüne Paprika, entkernt und in Stifte geschnitten
1 frische kleine rote Chili, entkernt und fein gehackt
2 EL Sojasauce
1 EL Limettensaft
1 EL thailändische Fischsauce
1 EL Palmzucker
eingelegter Knoblauch, in Scheiben, zum Servieren (nach Geschmack)

1 Den Tofu abtropfen lassen und mit Küchenpapier trockentupfen. In 2 cm große Würfel schneiden.

2 Das Öl in einem Wok erhitzen. Den Knoblauch 1 Minute darin anbraten. Den Knoblauch aus dem Wok nehmen, den Tofu hineingeben und rasch rundum goldbraun anbraten. Dabei vorsichtig wenden.

3 Den Tofu aus dem Wok nehmen, abtropfen lassen und warm halten. Karotte und Paprika in den Wok geben und 1 Minute pfannenrühren.

4 Das Gemüse auf einen Teller geben, den Tofu darauf verteilen.

5 Chili, Sojasauce, Limettensaft, Fischsauce und Zucker verrühren, bis der Zucker aufgelöst ist.

6 Die Sauce über den Tofu gießen und eventuell mit Knoblauchscheiben garnieren. Heiß servieren.

TIPP

Verwenden Sie für dieses Rezept unbedingt festen Tofu. Die weichere Sorte zerfällt beim Braten. Sie eignet sich besser für Suppen.

Gurkensalat

Für 4 Personen

ZUTATEN

1 Gurke
1 TL Salz
1 kleine rote Zwiebel
1 Knoblauchzehe, zerdrückt
½ TL Chilipaste
2 TL thailändische Fischsauce
1 EL Limettensaft
1 TL Sesamöl

1 Die Gurke waschen und mit Schale grob raspeln. In ein Sieb über einer Schüssel geben und mit dem Salz bestreuen. 20 Minuten abtropfen lassen. Die Flüssigkeit wird nicht benötigt.

2 Die Zwiebel schälen und fein hacken, mit der Gurke mischen und in eine Schüssel oder 4 Portionsschälchen geben.

3 Knoblauch, Chilipaste, Fischsauce, Limettensaft und Sesamöl verrühren und über den Salat gießen. Bis zum Servieren in den Kühlschrank stellen.

TIPP

Der fertige Salat kann 1–2 Stunden im Kühlschrank aufbewahrt werden, schmeckt aber am besten, wenn er ganz frisch ist.

VARIATION

Sie können die Gurke auch schälen und fein würfeln, dann salzen und abtropfen lassen. Danach wie im Rezept weiter verfahren.

Grüner Salat

Für 4–6 Personen

ZUTATEN

1 kleiner Romanasalat
1 Bund Frühlingszwiebeln
½ Gurke
4 EL frische Kokosspäne, geröstet

DRESSING:
4 EL Limettensaft
2 EL thailändische Fischsauce
1 frische kleine rote Chili, fein gehackt
1 TL Zucker
1 Knoblauchzehe, zerdrückt
2 EL frisch gehackte Korianderblätter
1 EL frisch gehackte Minzeblätter

1 Den Salat putzen, in mundgerechte Stücke zupfen und in eine große Salatschüssel geben.

2 Die Frühlingszwiebeln putzen und schräg in Ringe schneiden, ebenfalls in die Salatschüssel geben.

3 Von der Gurke lange Streifen abschneiden und zum Salat geben.

4 Alle Zutaten für das Dressing in ein Schraubglas geben, verschließen und kräftig schütteln.

5 Das Dressing über den Salat gießen und vorsichtig vermischen.

6 Kurz vor dem Servieren die Kokosspäne über den Salat streuen und leicht unterheben.

TIPP

Für ein Picknick stellen Sie das Glas mit dem Dressing in die Mitte der Salatschüssel. Alles mit Frischhaltefolie abdecken. So bleibt der Salat knackig, und es gibt auch keine Probleme, wenn das Glas mal undicht ist.

Gegrillte Auberginen mit Sesam

Für 4 Personen

ZUTATEN

8 kleine Auberginen
Salz
2 TL Chili-Öl
1 EL Sojasauce
1 EL thailändische Fischsauce
1 EL Sonnenblumenöl
1 Knoblauchzehe, in dünne Scheiben geschnitten
1 frische kleine rote Chili, entkernt und in Ringen
1 TL Sesamöl
1 EL Limettensaft
1 TL Palmzucker
1 EL frisch gehackte Minzeblätter
1 EL Sesamsaat, geröstet
frische Minzeblätter, zum Garnieren

1 Die Auberginen in Längsrichtung in dünne Scheiben schneiden, am Stielansatz aber nicht durchtrennen. In einen Durchschlag geben, Salz in die Einschnitte streuen und 30 Minuten abtropfen lassen. Kalt abspülen und mit Küchenpapier abtupfen.

2 Chili-Öl, Sojasauce und Fischsauce vermischen und die Auberginen damit bestreichen. Unter dem vorgeheizten Grill auf der oberen Schiene 6–8 Minuten garen. Dabei ab und zu wenden und mit der Chili-Öl-Glasur bestreichen. Alternativ auf dem Holzkohlegrill zubereiten. Auf einer Servierplatte anrichten.

3 Das Sonnenblumenöl in einem Wok oder einer Pfanne erhitzen. Knoblauch und Chili 1–2 Minuten hellbraun anbraten. Vom Herd nehmen. Sesamöl, Limettensaft, Zucker und restliche Chili-Öl-Glasur zugeben.

4 Die Minze zufügen, mit Salz abschmecken und das warme Dressing über die Auberginen gießen.

5 20 Minuten marinieren, dann mit der gerösteten Sesamsaat bestreuen. Mit Minzeblättern garnieren und servieren.

Asiatische Salatschiffchen

Für 4 Personen

ZUTATEN

8 Blätter Romanasalat (oder andere feste Salatblätter)
2 Karotten
2 Selleriestangen
100 g Babymaiskolben
2 Frühlingszwiebeln
100 g Bohnensprossen
2 EL geröstete Erdnüsse, gehackt

DRESSING:
2 EL Erdnussbutter
3 EL Limettensaft
3 EL Kokosmilch
2 TL thailändische Fischsauce
1 TL Zucker
1 TL frisch geriebene Ingwerwurzel
¼ TL thailändische rote Currypaste

1 Die Salatblätter waschen und putzen, aber nicht zerkleinern. Auf Portionstellern auslegen.

2 Karotten und Sellerie in feine Stifte schneiden. Mais und Zwiebeln putzen, den Mais schräg in Scheiben und die Zwiebeln schräg in Ringe schneiden.

3 Das Gemüse mit den Bohnensprossen mischen, dann gleichmäßig auf den Salatblättern verteilen.

4 Alle Zutaten für das Dressing in ein Schraubglas geben, verschließen und kräftig durchschütteln.

5 Das Dressing auf den Salatportionen verteilen und mit gehackten Erdnüssen bestreuen. Den Salat sofort servieren.

TIPP

Am besten eignen sich Salatblätter mit einer Schalenform. Sie können statt des Romanasalats auch Pak Choi oder Chinakohl verwenden. Die Blätter lassen sich leicht im Ganzen lösen, wenn man eine dicke Scheibe vom Strunk abschneidet.

2

3

5

Karotten-Mango-Salat

Für 4 Personen

ZUTATEN

4 Karotten
1 kleine reife Mango
200 g fester Tofu
1 EL frische Schnittlauchröllchen

DRESSING:
2 EL Orangensaft
1 EL Limettensaft
1 TL Honig
½ TL Orangenblütenwasser
1 TL Sesamöl
1 TL Sesamsaat, geröstet

1 Die Karotten schälen und grob raspeln. Die Mango schälen und das Fleisch in dünnen Scheiben vom Stein ablösen.

2 Den Tofu abtropfen lassen, mit Küchenpapier abtupfen und in 1 cm große Würfel schneiden. Mit den Karotten und der Mango in einer Salatschüssel mischen.

3 Alle Zutaten für das Dressing in ein Schraubglas geben, gut verschließen und kräftig schütteln.

4 Das Dressing über den Salat gießen und alles gründlich vermischen.

5 Vor dem Servieren den Salat noch einmal durchmischen und mit frischen Schnittlauchröllchen bestreuen.

TIPP

Mit der Küchenmaschine sind die Karotten rasch geraspelt. Das ist besonders praktisch, wenn große Mengen zuzubereiten sind.

Bambussprossen-Salat

Für 4 Personen

ZUTATEN

2 Schalotten
2 Knoblauchzehen
2 EL thailändische Fischsauce
3 EL Limettensaft
½ TL getrocknete Chiliflocken
1 TL Zucker
1 EL Rundkornreis
2 TL Sesamsaat
350 g Bambussprossen aus der Dose, abgetropft und abgespült
2 Frühlingszwiebeln, gehackt
Chinakohl oder Salat in Streifen, zum Servieren
frische Minzeblätter, zum Garnieren

1 Ganze Schalotten und Knoblauchzehen unter dem vorgeheizten Grill rösten, bis sie außen braun und innen weich sind. Die Schale abziehen und Schalotten und Knoblauch in einem Mörser zu einer Paste verarbeiten.

2 Fischsauce, Limettensaft, Chiliflocken und Zucker unter die Paste rühren.

3 Reis und Sesamsaat in einer Pfanne bei starker Hitze bräunen. Dabei die Pfanne ständig rütteln. Vom Herd nehmen und im Mörser zerstoßen.

4 Mit einem scharfen Messer die Bambussprossen in Stifte schneiden. Die Stifte mit der Schalotten-Knoblauch-Paste vermischen. Dann gerösteten Reis und Sesam zufügen, danach die Frühlingszwiebeln unterheben.

5 Den Salat auf einem Bett aus Chinakohl- oder Salatstreifen auf einem Teller anrichten. Mit Minzeblättern garnieren und servieren.

Scharf-saurer Rindfleischsalat

Für 4 Personen

ZUTATEN

1 TL schwarze Pfefferkörner
1 TL Koriandersamen
1 getrocknete kleine rote Chili
¼ TL Fünf-Gewürze-Pulver
250 g Rinderfilet
1 EL dunkle Sojasauce
6 Frühlingszwiebeln
1 Karotte
¼ Gurke
8 Radieschen
1 rote Zwiebel
¼ Kopf Chinakohl
2 EL Erdnussöl
1 Knoblauchzehe, zerdrückt
1 TL fein gehacktes Zitronengras
1 EL frisch gehackte Minzeblätter
1 EL frisch gehackte Korianderblätter

DRESSING:
3 EL Limettensaft
1 EL helle Sojasauce
2 TL Palmzucker
1 TL Sesamöl

1 Pfefferkörner, Koriandersamen und Chili im Mörser fein zerkleinern, dann mit dem Fünf-Gewürze-Pulver mischen und auf einen Teller streuen. Das Fleisch rundum mit Sojasauce einpinseln und in den Gewürzen wälzen.

2 Die Frühlingszwiebeln in 6 cm lange Stücke, dann in feine Stifte schneiden. Zum Aufrollen in Eiswasser legen. Gut abtropfen.

3 Die Karotte schälen und schräg in dünne Scheiben schneiden. Die Gurke längs halbieren, die Kerne ausschaben, dann das Fleisch in dünne Scheiben schneiden. Die Radieschen putzen und nach Geschmack zu Blüten schneiden.

4 Die Zwiebel längs von der Spitze zur Wurzel in Ringe schneiden. Den Chinakohl in Stücke reißen. Das gesamte Gemüse mischen.

5 Das Öl in einer Pfanne erhitzen. Knoblauch und Zitronengras darin hellbraun braten. Das Fleisch zugeben und mit einem Bratenwender andrücken, damit es gleichmäßig bräunt. 3–4 Minuten anbraten, je nach Dicke und Geschmack auch etwas länger. Aus der Pfanne nehmen.

6 Das Fleisch in dünne Streifen schneiden und mit dem Salat mischen. Minze und Koriander zugeben. Die Zutaten für das Dressing in der Pfanne verrühren, dann über den Salat geben. Sofort servieren.

Desserts & Drinks

Der übliche Abschluss für ein thailändisches Menü ist ein Korb voll frischer tropischer Früchte, darunter meist Mango, Mangostane, Guave, Lychee und Rambutan. Desserts und Süßspeisen werden zu Hause meist als Zwischenmahlzeiten zubereitet. Spitzenköche produzieren für besondere Anlässe und Bankette auch ausgefallene Desserts, deren Zubereitung viel Zeit verlangt.

Selbst die einfachsten Früchte schmecken köstlich, wenn sie in gekühltem Zuckersirup mit Jasmin- oder Rosenduft serviert werden, dazu reicht man kleine Portionen Klebreis. Köstlich sind auch Früchte, die in cremiger Kokosmilch pochiert oder mit Palmzucker karamellisiert sind. Bananen werden häufig serviert, weil sie überall wachsen – sogar in privaten Gärten.

Wie überall in der Thai-Küche spielt auch bei den Desserts die Kokosnuss eine große Rolle, ob in süßen Puddings und Cremes, Pasteten, Gelees oder einfach als Dekoration. Reis – meist Klebreis – und Tapioca sind ebenfalls häufige Zutaten für Süßspeisen und Gebäck, oft hübsch geformt und zart eingefärbt, mit duftendem Sirup parfümiert oder mit brennenden Räucherstäbchen serviert.

Thailändische Getränke sind farbenfroh und exotisch. Die Vielfalt der Früchte wird voll ausgeschöpft. Kokosmilch und Palmzucker sind häufige Zutaten, und gelegentlich kommt ein Schuss Mekong oder ein anderes alkoholisches Getränk dazu.

Mangos in Zitronengras-Sirup

Für 4 Personen

ZUTATEN

2 große reife Mangos
1 Limette
1 Stängel Zitronengras, gehackt
3 EL Zucker

1 Die Mangos halbieren, die Steine entfernen. Die Früchte schälen.

2 Das Fleisch in lange, schmale Streifen schneiden und in eine Servierschüssel geben.

3 Einige Limettenzesten zur Garnierung abschneiden, dann die Frucht halbieren und auspressen.

4 Limettensaft mit Zitronengras und Zucker in einen kleinen Topf geben. Erhitzen, aber nicht aufkochen, bis der Zucker ganz aufgelöst ist. Vom Herd nehmen und zum vollständigen Abkühlen beiseite stellen.

5 Den kalten Sirup durch ein Sieb gießen und auf den Mangos verteilen.

6 Mit den Limettenzesten bestreuen, abdecken und bis zum Servieren in den Kühlschrank stellen. Gut gekühlt servieren.

TIPP

Wenn dieses Dessert an heißen Tagen etwas länger auf dem Tisch steht, halten Sie es auf einem Bett aus Eiswürfeln kalt.

Exotischer Obstsalat

Für 6 Personen

ZUTATEN

1 TL Jasmintee (Blätter)
1 TL frische Ingwerwurzel, gerieben
1 Streifen Limettenschale
125 ml kochendes Wasser
2 EL Zucker
1 Papaya
1 Mango
½ kleine Ananas
1 Karambole
2 Passionsfrüchte
Saft von ½ Limette

1 Tee, Ingwer und Limettenschale in eine hitzebeständige Kanne geben, mit kochendem Wasser übergießen und 5 Minuten ziehen lassen. Dann in eine Schüssel seihen.

2 Den Zucker zugeben und unter Rühren auflösen. Den Sirup vollständig abkühlen lassen.

3 Die Papaya halbieren, entkernen und schälen. Die Mango halbieren und schälen, den Stein entfernen. Die Ananas schälen, das harte Innere entfernen. Das Fleisch aller Früchte in mundgerechte Stücke schneiden.

4 Die Karambole quer in Scheiben schneiden. Alle Früchte in eine große Servierschüssel geben und mit dem Sirup übergießen. Mit Frischhaltefolie abdecken und für 1 Stunde in den Kühlschrank stellen.

5 Die Passionsfrüchte halbieren, das Fleisch ausschaben und mit dem Limettensaft mischen. Über den Salat geben und sofort servieren.

TIPP

Unreife Karambolen sind grünlich und schmecken fade. Sind sie reif, werden sie leuchtend gelb und duften köstlich. Sie haben bräunliche Spitzen, die sich schnell entfernen lassen, indem man mit einem Sparschäler an den Rippen entlang schabt.

Roseneis

Für 4 Personen

ZUTATEN

400 ml Wasser
2 EL Kokoscreme
4 EL gezuckerte Kondensmilch

2 TL Rosenwasser
einige Tropfen rosa Lebensmittelfarbe (nach Geschmack)

rosafarbene Rosenblüten, zum Garnieren

1 Wasser und Kokoscreme in einen kleinen Topf geben. Unter ständigem Rühren sanft erhitzen, aber nicht kochen.

2 Vom Herd nehmen und abkühlen lassen. Gezuckerte Kondensmilch, Rosenwasser und Lebensmittelfarbe einrühren.

3 In eine Gefrierdose füllen und 1–1½ Stunden einfrieren.

4 Aus dem Tiefkühlfach nehmen und mit einer Gabel durchrühren, um die Kristalle aufzubrechen. Wieder ins Tiefkühlfach stellen und einfrieren, bis das Eis fest ist.

5 Das Eis auf einen Teller geben, mit Rosenblütenblättern bestreuen und sofort servieren.

TIPP

Damit das Eis nicht so schnell schmilzt, die Schüssel in eine größere stellen, die mit zerstoßenen Eiswürfeln gefüllt ist.

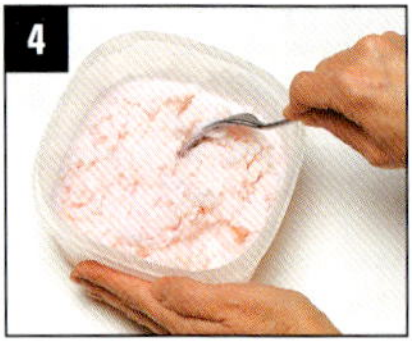

Mango-Limetten-Sorbet

Für 4 Personen

ZUTATEN

80 g Zucker
100 ml Wasser

abgeriebene Schale von 3 Limetten
2 EL Kokoscreme
2 große reife Mangos

9 EL Limettensaft
geröstete Kokosspäne, zum Garnieren

1 Zucker, Wasser und Limettenschale in einen Topf geben und sanft erhitzen, bis der Zucker aufgelöst ist. 2 Minuten kräftig kochen, um den Sirup etwas zu reduzieren. Vom Herd nehmen und durch ein Sieb in eine Schüssel gießen. Die Kokoscreme einrühren und abkühlen lassen.

2 Die Mangos halbieren, die Steine entfernen und die Früchte schälen. Das Fruchtfleisch mit dem Limettensaft in einen Mixer geben. Glatt pürieren und in eine kleine Schüssel füllen.

3 Den abgekühlten Sirup gut mit dem Mangopüree verrühren. In eine Gefrierdose geben und 1 Stunde einfrieren, bis das Sorbet fest wird. Alternativ eine Eismaschine verwenden.

4 Die Dose aus dem Tiefkühlfach nehmen und die Masse mit dem elektrischen Handrührer aufschlagen, um die Kristalle aufzubrechen. Für 1 weitere Stunde einfrieren, dann aus dem Tiefkühlfach nehmen und glatt rühren.

5 Das Gefäß abdecken und einfrieren, bis die Masse fest ist. 15 Minuten vor dem Servieren bei Zimmertemperatur antauen lassen. Dann Kugeln formen, mit gerösteten Kokosspänen bestreuen und servieren.

TIPP

Für dieses Sorbet kann man auch Mangos aus der Dose verwenden. Dann das Zuckerwasser weglassen und die Limettenschale im Mangosirup ziehen lassen.

Lychee-Ingwer-Sorbet

Für 4 Personen

ZUTATEN

2 Dosen Lychees in Sirup, à 400 g
abgeriebene Schale von 1 Limette
2 EL Limettensaft
3 EL Ingwersirup
2 Eiweiß

GARNIERUNG:
Karambolenscheiben
Scheiben von eingelegtem Ingwer

1 Die Lychees abgießen, den Sirup auffangen. Die Früchte mit Limettenschale, -saft und Ingwersirup im Mixer glatt pürieren, dann in eine Rührschüssel geben.

2 Das Püree mit dem aufgefangenen Sirup vermischen. In eine Gefrierdose geben und 1 Stunde einfrieren, bis das Sorbet fest wird. Alternativ eine Eismaschine verwenden.

3 Die Dose aus dem Tiefkühlfach nehmen und die Masse aufschlagen, um die Kristalle aufzubrechen. Das Eiweiß in einer sauberen, trockenen Schüssel steif schlagen, dann zügig unter das Sorbet heben.

4 Das Gefäß abdecken und einfrieren, bis die Masse fest ist. Kugeln formen, mit Karambolen- und Ingwerscheiben garnieren.

TIPP

Kleine Kinder, schwangere Frauen und ältere Personen sollten auf den Verzehr von Speisen mit rohen Eiern verzichten. Man kann den Eischnee weglassen, muss dann das Sorbet aber nach einer Stunde Gefrierzeit noch einmal aufschlagen, damit es luftig wird.

1

2

3
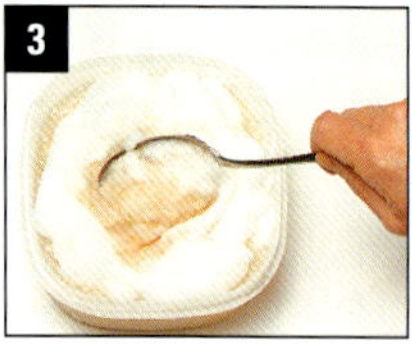

Ananas mit Kardamom & Limette

Für 4 Personen

ZUTATEN

1 Ananas	4 EL Wasser	GARNIERUNG:
2 Kardamomkapseln	1 EL Palmzucker	frische Minzezweige
Limettenzesten	3 EL Limettensaft	Schlagsahne

1 Das obere und untere Ende der Ananas abschneiden, dann die Schale und die Augen entfernen. Die Frucht senkrecht vierteln und das harte Innere entfernen. Das Fruchtfleisch längs in Scheiben schneiden.

2 Die Kardamomkapseln im Mörser zerstoßen und mit Limettenzesten und Wasser in einen kleinen Topf geben. Die Mischung kurz aufkochen.

3 Vom Herd nehmen und den Zucker zugeben. Abdecken und 5 Minuten ziehen lassen.

4 Rühren, bis sich der Zucker auflöst. Den Limettensaft zugeben, dann den Sirup über der Ananas abseihen. 30 Minuten kalt stellen.

5 Die Ananas auf einer Platte anrichten, mit dem Sirup beträufeln und mit Minzezweigen garnieren. Mit Schlagsahne servieren.

TIPP

Um die Augen zu entfernen, schneiden Sie keilförmige Streifen aus der Frucht, die dem Verlauf der Augen folgen. Dadurch entsteht eine hübsche Spiralstruktur.

1

2

4

Kokoswürfel

Für 4 Personen

ZUTATEN

1 TL Butter, geschmolzen
6 mittelgroße Eier
400 ml Kokosmilch

175 g Palmzucker
Salz
Obstscheiben, zum Servieren

GARNIERUNG:
Kokosspäne
Limettenzesten

1 Eine ofenfeste Form (19 cm × 19 cm, 4 cm tief) mit Butter einpinseln.

2 Die Eier in einer großen hitzefesten Schüssel aufschlagen. Kokosmilch, Zucker und 1 Prise Salz unterschlagen.

3 Die Schüssel über einen Topf mit leicht kochendem Wasser stellen, wobei der Boden das Wasser nicht berühren darf, und mit einem Holzlöffel rühren, bis die Mischung eindickt. Das dauert ca. 15 Minuten. In die vorbereitete Form gießen.

4 Den Backofen auf 180 °C vorheizen. Die Mischung 20–25 Minuten backen, bis sie fest ist. Aus dem Ofen nehmen und vollständig abkühlen lassen.

5 Die Creme stürzen und in Würfel schneiden. Mit Kokosspänen und Limettenzesten garnieren und mit Obstscheiben servieren.

TIPP

Nicht zu lange backen, sonst wird die Creme zäh. Sie sollte aus dem Ofen genommen werden, wenn sie in der Mitte noch etwas weich ist. Sie wird beim Auskühlen fest.

Mungobohnen-Pudding

Für 6 Personen

ZUTATEN

125 g getrocknete Mungobohnen
2 Eier, verquirlt
175 ml Kokosmilch
100 g Zucker
1 EL Reismehl
1 TL gemahlener Zimt

GARNIERUNG:
gemahlener Zimt
Schlagsahne oder Crème fraîche
Limettenzesten
Karambolenscheiben
Granatapfelkerne

1 Die Bohnen in einen Topf geben und mit Wasser bedecken. Zum Kochen bringen, die Hitze reduzieren und 30–40 Minuten köcheln, bis die Bohnen ganz weich sind. Gut abtropfen lassen.

2 Die Bohnen zerdrücken, dann durch ein Sieb streichen, um ein glattes Püree zu erhalten. Bohnenpüree, Eier, Kokosmilch, Zucker, Reismehl und Zimt in einer großen Schüssel gut verrühren.

3 Den Backofen auf 180 °C vorheizen. Den Boden von 4 Puddingförmchen (à 150 ml Volumen) fetten und die Mischung einfüllen. Auf ein Backblech stellen und 20–25 Minuten backen, bis die Masse fest ist.

4 Den Pudding in den Formen abkühlen lassen. Mit einem Messer den oberen Rand lösen, dann auf Servierteller stürzen. Mit Zimt bestreuen. Etwas Schlagsahne oder Crème fraîche darauf geben und mit Früchten servieren.

TIPP

Schneller geht es mit Mungobohnen aus der Dose. Die Bohnen abtropfen lassen und mit Schritt 2 beginnen.

Bananen im Kokosmantel

Für 4 Personen

ZUTATEN

70 g Mehl
2 EL Reismehl
1 EL Zucker
1 Ei, getrennt

150 ml Kokosmilch
4 große Bananen
Sonnenblumenöl, zum Frittieren

GARNIERUNG:
1 TL Puderzucker
1 TL gemahlener Zimt
Limettenspalten

1 Mehl, Reismehl und Zucker in eine Schüssel sieben, in die Mitte eine Vertiefung drücken. Eigelb und Kokosmilch hineingeben.

2 Die Zutaten zu einem glatten Teig verrühren. In einer zweiten Schüssel das Eiweiß zu Schnee schlagen und leicht unter den Teig heben.

3 Einen großen Topf 6 cm hoch mit Öl füllen. Auf 180 °C erhitzen. Die Bananen quer halbieren und in den Teig tauchen.

4 Die Bananen in dem heißen Öl portionsweise 2–3 Minuten goldbraun frittieren, zwischendurch einmal wenden.

5 Auf Küchenpapier abtropfen lassen. Mit Puderzucker und Zimt bestreuen und sofort servieren. Limettenspalten zum Beträufeln dazu reichen.

TIPP

In Asien sind die fingerlangen aromatischen Minibananen beliebt. Diese werden für dieses Rezept nicht zerteilt.

Bananen in Kokosmilch

Für 4 Personen

ZUTATEN

4 große Bananen
350 ml Kokosmilch
2 EL Zucker

1 Prise Salz
½ TL Orangenblütenwasser
1 EL frische Minzeblätter, in Streifen

2 EL Mungobohnen, gekocht
frische Minzezweige, zum Garnieren

1 Die Bananen schälen und in dicke Scheiben schneiden. Mit Kokosmilch, Zucker und Salz in einen Topf geben.

2 Langsam zum Kochen bringen, dann 1 Minute leicht köcheln. Den Topf vom Herd nehmen.

3 Mit Orangenblütenwasser beträufeln, die Minze einrühren und alles in eine Schüssel füllen.

4 Die Mungobohnen in einer gusseisernen Pfanne bei starker Hitze rösten, bis sie knusprig und goldbraun werden. Die Pfanne gelegentlich rütteln. Aus der Pfanne nehmen und in einem Mörser leicht zerstoßen.

5 Die gerösteten Bohnen über die Bananen streuen. Mit Minze garnieren und warm oder kalt servieren.

TIPP

Sie können auch Mandelblättchen anstelle der Mungobohnen verwenden.

Karamell-Äpfel mit Sesam

Für 4 Personen

ZUTATEN

120 g Mehl	125 ml Wasser	2 EL Öl, plus etwas mehr, zum Frittieren
1 Ei	4 feste Dessertäpfel	250 g Zucker
	2½ EL Sesamsaat	

1 Mehl, Ei und Wasser in einer Schüssel zu einem glatten Teig verrühren.

2 Die Äpfel entkernen und jeden in 8 Schnitze aufteilen. In den Teig geben und den Sesam einrühren.

3 Zwei Esslöffel Öl und Zucker in eine gusseiserne Pfanne geben und unter Rühren erhitzen, bis sich der Zucker auflöst. Weiter rühren, bis der Sirup goldbraun wird. Vom Herd nehmen, aber warm halten.

4 Das Öl zum Frittieren in einem Wok oder einem Topf auf 180 °C erhitzen, bis ein Brotwürfel in 30 Sekunden braun wird. Die Apfelstücke einzeln mit einer Zange aus dem Teig nehmen, in das heiße Öl geben und 2–3 Minuten goldbraun und knusprig backen.

5 Mit einem Schaumlöffel aus dem Fett nehmen und rasch im Zuckersirup wälzen. Die Apfelstücke in Eiswasser tauchen, dann auf Backpapier abtropfen lassen. Sofort servieren.

TIPP

Den Zucker nicht überhitzen, sonst wird der Karamell zu dunkel und bitter. Wenn er erstarrt, bevor alle Äpfel frittiert sind, kurz erwärmen, um ihn wieder flüssig zu machen.

1

2

4

Reispudding

Für 4 Personen

ZUTATEN

100 g Rundkornreis
2 EL Palmzucker
1 Kardamomkapsel
300 ml Kokosmilch
150 ml Wasser
3 Eier
200 ml Kokoscreme
1½ EL Zucker
gezuckerte Kokosspäne, zum Garnieren
frische Früchte, zum Servieren

1 Reis und Palmzucker in einen Topf geben. In einem Mörser die Kardamomkapsel zerstoßen, die Samen in den Topf geben. Kokosmilch und Wasser sorgfältig einrühren.

2 Alles zum Kochen bringen, dabei den Zucker unter Rühren auflösen. Die Hitze reduzieren und ohne Deckel unter gelegentlichem Rühren 20 Minuten köcheln, bis der Reis weich ist und die Flüssigkeit weitgehend aufgenommen hat.

3 Den Reis in 4 ofenfeste Portionsförmchen geben und glatt streichen. Die Förmchen in einen Bräter stellen und bis zur Hälfte der Formhöhe Wasser einfüllen.

4 Den Backofen auf 180 °C vorheizen. Eier, Kokoscreme und Zucker aufschlagen und über den Reis geben. Mit Alufolie abdecken und 45–50 Minuten backen, bis der Pudding fest ist.

5 Den Reispudding mit frischen Früchten und Kokosspänen servieren.

TIPP

Kardamom schmeckt sehr intensiv. Man kann ihn auch weglassen oder durch gemahlenen Zimt ersetzen.

Bunter Reispudding

Für 4 Personen

ZUTATEN

300 g Klebreis
500 g Zucker
300 ml Wasser

Lebensmittelfarbe in Grün und Rosa

Rosen- und Jasminblüten, zum Garnieren

1 Den Reis mit Wasser bedecken. 3 Stunden oder über Nacht einweichen.

2 Den Reis abgießen und mit kaltem Wasser abschrecken.

3 Das Oberteil eines Dämpfers mit Musselin auslegen und den Reis einfüllen. Den Dämpfer über kochendes Wasser stellen und den Reis 30 Minuten dämpfen.

4 Zucker und Wasser langsam erhitzen, bis sich der Zucker auflöst. Zum Kochen bringen und 4–5 Minuten zu einem dünnen Sirup einkochen. Vom Herd nehmen.

5 Den Reis in 2 Portionen teilen, eine rosa und eine grün einfärben. Dann zu Bällchen formen.

6 Die Bällchen in den Sirup tauchen, abtropfen lassen und auf einer Platte anrichten. Mit Rosenblütenblättern und Jasminblüten bestreuen und servieren.

TIPP

Sie können den Reis auch in Timbale-Förmchen pressen und so zu kleinen Türmchen formen (s. Bild).

3

5

6

Bananenpfannkuchen

Für 6 Personen

ZUTATEN

175 g Mehl
1 Prise Salz
4 Eier, verquirlt

2 große reife Bananen, geschält und zerdrückt
300 ml Kokosmilch
Öl, zum Braten

GARNIERUNG:
Bananenscheiben
6 EL Limettensaft
Puderzucker
Kokoscreme

1 Mehl, Salz, Eier, zerdrückte Bananen und Kokosmilch im Mixer zu einem glatten Teig verarbeiten. Alternativ Mehl und Salz in eine Schüssel sieben und in die Mitte eine Vertiefung drücken. Die übrigen Zutaten hineingeben und alles gründlich verrühren.

2 Den Teig für 1 Stunde in den Kühlschrank stellen. Danach noch einmal durchrühren. Etwas Öl in einer Pfanne stark erhitzen.

3 Den Teig löffelweise in die Pfanne geben, flach drücken und von unten bei mittlerer Hitze goldbraun braten.

4 Wenden und die andere Seite ebenfalls goldbraun braten. So fortfahren, bis der Teig aufgebraucht ist. Er reicht für etwa 36 kleine Pfannkuchen. Alle gründlich auf Küchenpapier abtropfen.

5 Die Pfannkuchen abwechselnd mit Bananenscheiben aufschichten. Mit Limettensaft beträufeln, mit Puderzucker bestäuben und mit einem Löffel Kokoscreme servieren.

TIPP

Am besten isst man diese Pfannkuchen frisch aus der Pfanne. Man kann sie aber im Backofen bei 75 °C warm halten.

Kokospfannkuchen

Für 4 Personen

ZUTATEN

120 g Reismehl
3 EL Zucker
1 Prise Salz
2 Eier
600 ml Kokosmilch
4 EL Kokosraspel
Öl, zum Braten
frische Mango- oder Bananenscheiben
2 EL Palmzucker, zum Garnieren

1 Mehl, Zucker und Salz in eine Schüssel geben. Eier und Kokosmilch zufügen und alles zu einem glatten Teig verrühren. Alternativ den Teig im Mixer zubereiten. Die Hälfte der Kokosraspel unterrühren.

2 Das Öl in einer großen gusseisernen Pfanne erhitzen. Etwas Teig eingießen und schwenken, bis der Boden bedeckt ist. Die Unterseite hellbraun braten.

3 Den Pfannkuchen wenden und die andere Seite kurz anbraten.

4 Aus der Pfanne nehmen und warm halten, inzwischen 8 weitere Pfannkuchen zubereiten.

5 Die Pfannkuchen mit Mango- oder Bananenscheiben belegen, zusammenklappen oder locker aufrollen und servieren. Mit Palmzucker und den restlichen Kokosraspeln garnieren.

TIPP

Mit Reismehl werden diese Pfannkuchen besonders locker. Man kann aber auch einfaches Weizenmehl verwenden.

Gedämpfter Kokoskuchen mit Limetten-Ingwer-Sirup

Für 8 Personen

ZUTATEN

- 2 große Eier, getrennt
- 1 Prise Salz
- 100 g Zucker
- 5 EL Butter, geschmolzen und abgekühlt
- 5 EL Kokosmilch
- 150 g Mehl
- 2 TL Backpulver
- 3 EL Kokosraspel
- 4 EL Ingwersirup
- 3 EL Limettensaft

GARNIERUNG:

- 3 Stücke eingelegter Ingwer, abgetropft und gewürfelt
- frische Kokosspäne
- Limettenzesten

1 Ein Stück Backpapier auf 28 cm Ø zuschneiden und einen Dämpfer (18 cm Ø) damit auslegen.

2 Das Eiweiß mit dem Salz steif schlagen. Den Zucker unter ständigem Schlagen esslöffelweise zugeben, bis eine steife, glänzende Masse entstanden ist.

3 Die Eidotter unterschlagen, dann rasch Butter und Kokosmilch einrühren. Mehl und Backpulver über die Mischung sieben und mit einem großen Metalllöffel unterheben. Die Kokosraspel darunter mischen.

4 Den Teig in den ausgelegten Dämpfer geben und den Papierrand darüber schlagen. Auf einen Topf mit kochendem Wasser stellen und 30 Minuten dämpfen.

5 Den Kuchen auf eine Platte stürzen und das Papier entfernen. Etwas abkühlen lassen. Ingwersirup und Limettensaft verrühren und über den Kuchen träufeln. In Stücke schneiden und mit gewürfeltem Ingwer, frischen Kokosspänen und Limettenzesten garnieren.

Goldfäden

Für 4 Personen

ZUTATEN

7 Eidotter
1 EL Eiweiß
500 g Zucker

200 ml Wasser
1 Hand voll duftende Jasminblüten

ZUM SERVIEREN:
Granatapfelkerne
Kiwischeiben
Apfelscheiben

1 Eidotter und Eiweiß durch ein feines Sieb streichen, dann verquirlen.

2 Zucker und Wasser in einem großen Topf erhitzen, bis der Zucker sich auflöst. Die Jasminblüten zugeben, aufkochen und zu einem dünnen Sirup einkochen. Die Blüten mit einem Schaumlöffel herausnehmen.

3 Den Sirup erneut aufkochen. Mit einem Spritzbeutel oder einem Gefrierbeutel mit abgeschnittener Ecke die Eimischung in dünnem Strahl in den Sirup laufen lassen, dabei Nester oder Pyramiden formen.

4 Sobald das Ei stockt, die Nester vorsichtig aus dem Sirup nehmen und auf Küchenpapier abtropfen. Auf einer vorgewärmten Platte anrichten, dazu Granatapfelkerne, Kiwi- und Apfelscheiben servieren.

TIPP

Wenn Sie keine Jaminblüten bekommen, geben Sie einige Tropfen Orangenblüten- oder Rosenwasser in den Sirup.

Melonen-Ingwer-Crush

Für 4 Personen

ZUTATEN

1 Honig- oder Netzmelone, ca. 800 g

6 EL Ingwerwein

3 EL Limettensaft

zerstoßenes Eis

1 Limette

1 Die Melone schälen, entkernen und grob hacken. Mit Ingwerwein und Limettensaft in einen Mixer geben.

2 Auf hoher Stufe glatt pürieren.

3 Reichlich zerstoßenes Eis in 4 hohe Gläser geben. Das Eis mit dem Melonen-Ingwer-Püree übergießen.

4 Die Limette in dünne Scheiben schneiden, jeweils eine auf jeden Glasrand stecken. Sofort servieren.

VARIATION

Ingwerwein bekommt man in guten Spirituosengeschäften. Wenn Sie auf Alkohol verzichten möchten, lassen Sie den Ingwerwein einfach weg. Verwenden Sie zur Abwechslung auch einmal Wassermelone.

Mango-Kokos-Smoothie

Für 4 Personen

ZUTATEN

2 große reife Mangos
1 EL Puderzucker
500 ml Kokosmilch
5 Eiswürfel, zerstoßen
geröstete Kokosspäne, zum Garnieren

1 Die Mangos halbieren und die Steine entfernen. Die Früchte schälen und das Fleisch grob hacken.

2 Das Fruchtfleisch mit dem Puderzucker im Mixer glatt pürieren.

3 Kokosmilch und Eis zugeben und durchmixen, bis die Mischung schaumig ist.

4 In 4 hohen Gläsern servieren, mit Kokosspänen garnieren.

TIPP

Sehr lecker – allerdings nicht zum Frühstück geeignet – ist der Smoothie auch mit einem kräftigen Schuss Rum.

VARIATION

Anstelle von Kokosspänen können Sie auch gemahlenen Ingwer, Zimt oder geriebene Muskatnuss verwenden.

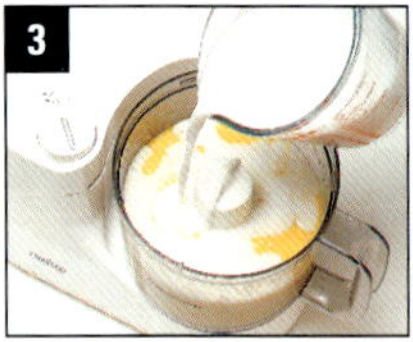

Limetten-Zitronengras-Cooler

Für 4 Personen

ZUTATEN

2 Limetten
1 kleiner Stängel Zitronengras
3 EL Zucker
4 Eiswürfel

125 ml Wasser
4 Limettenscheiben
Mineralwasser

GARNIERUNG:
Eiweiß
Zucker

1 Zuerst die Glasränder dekorieren. Etwas Eiweiß in eine Untertasse gießen, Zucker in eine weitere füllen. Die Glasränder erst in das Eiweiß, dann in den Zucker tauchen.

2 Jede Limette in 8 Stücke schneiden. Das Zitronengras grob hacken. Limettenstücke und Zitronengras mit Zucker und Eiswürfeln in den Mixer geben.

3 Das Wasser zugießen und alles einige Sekunden pürieren, aber nicht zu fein.

4 Die Mischung in die vorbereiteten Gläser seihen. Auf jedes Glas eine Limettenscheibe legen und nach Geschmack mit Mineralwasser auffüllen. Sofort servieren.

TIPP

Die Limetten keinesfalls zu lange mixen. Einige Sekunden reichen aus, um ihnen den Saft zu entziehen, sonst wird die Schale zu stark zerkleinert und der Drink schmeckt bitter.

Thai Cocktail Sling

Für 1 Person

ZUTATEN

2 EL Whisky
1 EL Kirschlikör
1 EL Orangenlikör
1 EL Limettensaft
1 TL Palmzucker
1 Spritzer Angostura Bitter
2 Eiswürfel
120 ml Ananassaft
kleine Ananasschnitze, zum Garnieren

1 Whisky, Kirschlikor, Orangenlikör, Limettensaft, Palmzucker und Angostura in einen Cocktailshaker geben und gut durchschütteln.

2 Die Eiswürfel in ein großes Glas geben. Den Cocktail zugießen, dann mit Ananassaft auffüllen.

3 Die kleinen Ananasstücke auf die Glasränder setzen und sofort servieren.

TIPP

Schottischer Whisky wird in Thailand hoch geschätzt. Es gibt zwar auch thailändischen Whisky, doch ist er kaum genießbar.

TIPP

Wenn der Ananassaft süß ist, muss kein Zucker zugegeben werden. Im Zweifelsfall probieren Sie den Cocktail vorher.

1

2

3

Tropischer Früchtepunsch

Für 6 Personen

ZUTATEN

1 kleine reife Mango
4 EL Limettensaft
1 TL fein geriebene frische Ingwerwurzel
1 EL Palmzucker
300 ml Orangensaft
300 ml Ananassaft
100 ml Rum
zerstoßenes Eis

GARNIERUNG:
Orangenscheiben
Limettenscheiben
Ananasscheiben
Karambolenscheiben

1 Die Mango schälen, den Stein entfernen und das Fruchtfleisch hacken. In einem Mixer mit Limettensaft, Ingwer und Zucker glatt pürieren.

2 Orangen- und Ananassaft sowie Rum zugießen und noch einmal kurz durchmixen.

3 Das zerstoßene Eis auf 6 Gläser verteilen und mit dem Punsch übergießen. Orangen- und Limettenscheiben zugeben, den Glasrand mit Ananas- und Karambolenscheiben nach Geschmack verzieren.

TIPP

Um den Drink etwas zu strecken, können Sie die Gläser mit einem kräftigen Schuss Gingerale auffüllen.